FRAG doch mal ...

Gabi Neumayer

Klima und Wetter

Mit Illustrationen von
Vera Rehaag

CARLSEN

MIX
Papier | Fördert gute Waldnutzung
FSC® C018236

Wir produzieren nachhaltig

- Klimaneutrales Produkt
- Papiere aus nachhaltigen und kontrollierten Quellen
- Hergestellt in Europa

Wenn im Buch ein schwier iges Wort auftaucht, das ihr nicht kennt,schaut auf Seite 54/55 nach. Dort sind einige Wörter erklärt!

Texte: Gabi Neumayer
Illustrationen: Vera Rehaag
Mausillustrationen: Ina Mertens, Steffi Krohmann
Frag doch mal-Logo: Udo Schöbel
Umschlagbild: Adobe Stock: nmelnychuk, 1xpert, evannovostro
Bildnachweis für Innenfotos: Adobe Stock: 10 (alice_photo), 20 oben (veeja), 20 unten (MACLEG), 28 (Julian), 50 (Christian); Alamy: 5 viertes Bild (imageBROKER.com GmbH & Co. KG / Guenter Fischer), 5 fünftes Bild (robertharding / Matthew WiRMRMiams-ERMRMis), 7 erste Vignette (Tetra Images / Mike Kemp), 7 zweite Vignette (Roman Tiraspolsky), 7 dritte Vignette (Chad Ehlers), 7 zweites u. r. (AfriPics.com), 9 oben (Tim Gainey), 9 unten (Images By T.O.K.), 11 (Martin Shields), 10 links (ARCTIC IMAGES / Ragnar Th Sigurdsson), 17 (Itsik Marom), 24 (Panther Media GmbH / Portanigra), 25 links (Egill Bjarnason), 29 (Chris Rout), 34 (STANCA SANDA), 36 (Marcel Gross), 39 unten (Panther Media GmbH / Reisefotograf), 40 (Jan Fritz), 41 (JG Photography), 45 rechts (GAUTIER Stephane), 47 unten (Wilfried Wirth); iStock: 15 (Paralaxis), 33 (kamisoka), 43 links (Gelezinis), 48 (NirutiStock), 49 (ASB63); Nasa: 47 oben (GOES 12 Satellite, NASA, NOAA); Picture alliance: 25 rechts (picture alliance / imageBROKER | Kerstin Langenberger); Shutterstock: 5 erstes Bild (Andrei Stepanov), 5 zweites Bild (Naeblys), 5 drittes Bild (Elly Miller), 7 vierte Vignette (ShineTerra), 7 erstes u. r. (Marla_Sela), 18 (Rolf G Wackenberg), 19 groß (Suhakar Bisen), 39 oben (hadot 760), 43 rechts (BEST-BACKGROUNDS), 45 (Cristina Ramos Hernando), 51 (Mamunur Rashid); SWR: 19 (© SWR/Irja von Bernstorff)
Lektorat: Aukje Janssen
Gestaltung und Satz: awendrich grafix, Haseldorf
ISBN 978-3-551-25382-8
www.carlsen.de

Inhalt

Was ist der Unterschied zwischen Wetter und Klima?

Die verblüffende Antwort ist ganz kurz: Zeit!

Das Wetter ändert sich jeden Tag: Wenn es heute regnet, kann es morgen sonnig sein und übermorgen gewittern. Wetter ist also immer nur eine vorübergehende, kurzfristige Angelegenheit.

Wie ist das Wetter heute? Ein Blick aus dem Fenster und einer aufs Thermometer reichen aus, um zu entscheiden, was wir an einem bestimmten Tag anziehen sollen.

Um das Klima eines Gebiets zu bestimmen, sieht man sich auch das Wetter an. Aber nicht für einzelne Tage, sondern über mindestens 30 Jahre hinweg. So findet man heraus, wie das typische durchschnittliche Wetter einer bestimmten Gegend aussieht – das ist ihr Klima.

Das Klima ist jedoch nicht überall auf der Welt gleich; es gibt verschiedene Klimazonen. Das liegt vor allem an der Sonne. Sie erwärmt manche Teile der Erde stärker, manche schwächer.

In welchem Klima wir leben, kann man daran ablesen, was alles in unserem Kleiderschrank hängt. Wo dieser Schrank hier steht, da gibt es offenbar warme und kalte Zeiten, und es regnet auch öfter einmal. So ein Klima haben wir bei uns in Mitteleuropa, aber auch zum Beispiel in Teilen von Kanada und Russland.

Am **Äquator** scheint die Sonne fast immer senkrecht auf die Erde. Dort, in den **Tropen**, ist es darum am heißesten. Am Nord- und am Südpol wirkt die Sonne viel schwächer, weil die Strahlen nur flach auf die Erde treffen und sich so über eine größere Fläche verteilen. Deshalb ist es dort, in den **polaren Zonen**, am kältesten.

Dazwischen liegen noch drei weitere Zonen: die **subpolare**, die **gemäßigte** und die **subtropische** – jede mit ihrem eigenen typischen Klima. Findest du auf der Weltkarte deine Klimazone?

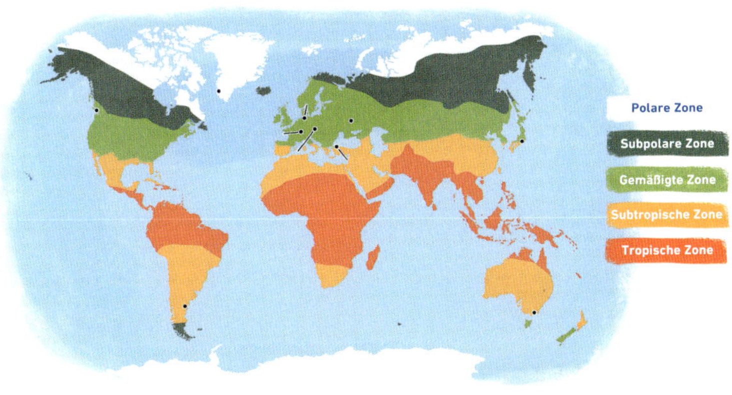

Die Klimazonen der Erde

In der **polaren Zone** sind große Flächen mit Eis und Schnee bedeckt. Die Temperaturen steigen selten über 0 °C.

In der **subpolaren Zone** ist es schon etwas wärmer. Dort gibt es – wenn überhaupt – nur Nadelbäume, die die Kälte gut aushalten können. Finnland oder auch die nördlichen Teile von Schweden und Russland liegen in dieser Zone.

In der **gemäßigten Zone** – also zum Beispiel bei uns – gibt es vier Jahreszeiten, das ganze Jahr über Regen und außer Nadelwäldern auch Laub- und Mischwälder. In dieser Zone wird es meist weder extrem heiß noch extrem kalt.

In den **Subtropen** ist es heiß und auch im Winter noch recht warm. Dort findet man Savannen und Wüsten. Mittelmeerländer wie Spanien oder Marokko liegen zum Beispiel in dieser Klimazone.

In den **Tropen** ist es fast immer gleich warm oder heiß. Es gibt Regen- und Trockenzeiten. In dieser Klimazone befinden sich zum Beispiel die tropischen Regenwälder Südamerikas.

Warum ist es im Sommer warm und im Winter kalt?

Erstaunlich: Jahreszeiten gibt es deshalb, weil die Erde schief steht! Genauer: weil die Erde im Verhältnis zur Sonne geneigt ist.

Im Laufe eines Jahres dreht sich die Erde einmal um die Sonne. Dabei bewegt sie sich auch um sich selbst, als würde ein Stab durch ihre Mitte verlaufen. Diesen gedachten Stab nennt man Erdachse, und sie ist im Verhältnis zur Sonne geneigt. Und so kommt es, dass im Dezember die Südhalbkugel der Erde näher an der Sonne ist – und im Juni die Nordhalbkugel.

Wo die Erde näher an der Sonne ist, da ist es länger hell und wärmer, weil mehr Sonnenenergie auf die Erde gelangt. Darum haben wir auf der Nordhalbkugel ab Juni Sommer; auf der Südhalbkugel hingegen ist es ab Dezember am wärmsten.

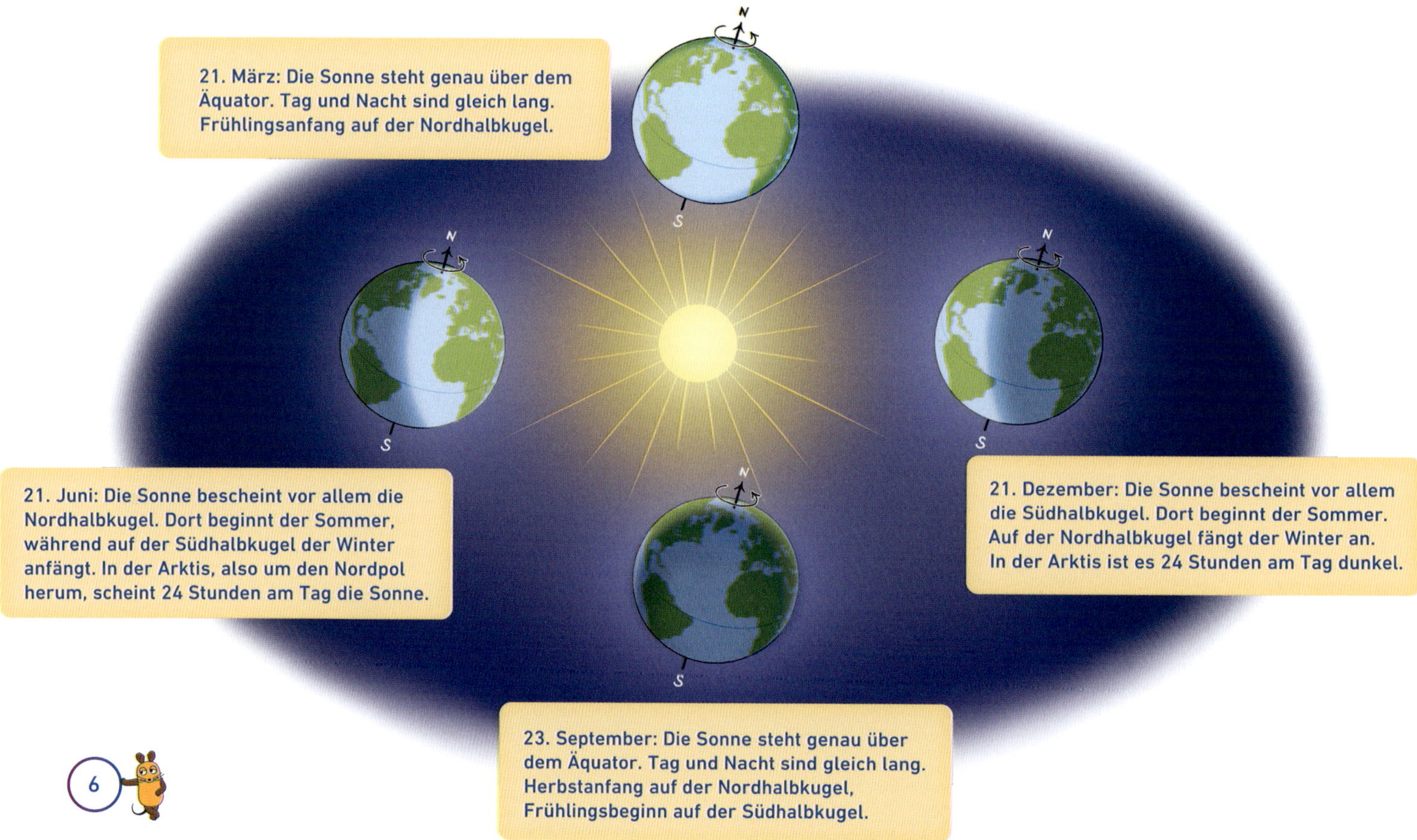

Winter in den Bergen

Sommer in New York

Frühling in Tokio in Japan

Herbst im Nordosten der USA

Vier Jahreszeiten gibt es aber nur in den **gemäßigten Klimazonen** der Erde, also zum Beispiel bei uns in Mitteleuropa, in Teilen Japans, Russlands und der USA.

In Europa leben wir in der gemäßigten Klimazone mit geringen Temperaturschwankungen. An vielen Orten auf der Welt sieht das ganz anders aus. Am stärksten schwankt die Temperatur in Sibirien: Dort kann es im Winter fast -70 °C kalt werden und im Sommer bis zu 40 °C heiß!

Die Pole der Erde dagegen kennen nur Sommer und Winter. Am Südpol wird es im Winter bis -50 °C kalt. Darum balancieren die Pinguine ihre Eier und später auch ihre Küken auf den Füßen, damit sie auf dem eiskalten Boden nicht erfrieren. Und in der Nähe des Nordpols blüht im kurzen Sommer von Juli bis August alles und Millionen von Zugvögeln brüten, während 24 Stunden am Tag die Sonne scheint.

In den **Tropen** gibt es auch nur zwei Jahreszeiten, aber nicht Sommer und Winter, sondern Trocken- und Regenzeit. In der Regenzeit gewittert es zum Beispiel in Ostafrika und Indien ständig und es kommen gewaltige Regenmassen vom Himmel. In der Trockenzeit bleibt der Regen dann monatelang aus. Das Gras und die meisten Pflanzen verdorren.

Regenzeit

Trockenzeit

Warum kann es nicht immer „gutes Wetter" geben?

Die meisten würden wohl sagen, dass sonniges und warmes Wetter gutes Wetter ist. Man kann schwimmen gehen und draußen sein, ohne viel Kleidung anziehen zu müssen oder zu frieren.

Sonnig und warm, das kann aber auch richtig schlechtes Wetter bedeuten. Wenn zum Beispiel in der Savanne Afrikas monatelang nur die Sonne scheint, sehnen sich alle Pflanzen und Tiere nach Regen. Und auch in Europa brauchen die Pflanzen nicht nur Sonne, sondern ebenso Regen, um zu wachsen und zu leben.

Für die Sommerferien ist ständige Sonne schön. Aber für eine Landwirtin ist ein Sommer ohne Regen überhaupt kein gutes Wetter, weil dann ihre Ernte schlecht ausfällt oder sogar ganz ausbleibt.

Sonne ohne Regen finden die meisten von uns erst einmal schön. Aber wenn es lange nicht regnet, leiden Pflanzen, Tiere und Menschen unter der Dürre.

Wenn in den Tropen die monatelange Trockenzeit zu Ende ist, freuen sich alle über den Regen – aber er kann auch zu gefährlichen Überschwemmungen führen.

Schnee im Winter: Schlitten oder Ski fahren, Schneemänner bauen, eine Schneeballschlacht – das macht Spaß! Wer aber mit dem Auto auf dem Weg zur Arbeit im Schnee stecken bleibt oder wegen Glatteis nicht aus dem Haus gehen kann, der findet dieses Wetter gar nicht gut.

Wer segeln möchte, Ballon fahren oder mit einem Gleitschirm fliegen, für den ist Wind gutes Wetter. Viele Pflanzen sind auch auf Wind angewiesen, weil der ihre Samen und Pollen verbreitet. Wer aber zum Beispiel gegen Birkenpollen allergisch ist, leidet bei Wind besonders stark unter Heuschnupfen und tränenden Augen – und findet dieses Wetter gar nicht gut!

Was „gutes Wetter“ bedeutet, ist also Ansichtssache und hängt von vielen Dingen ab: wo man ist, was man gerade machen möchte und was man braucht. Mal Sonne, mal Regen, mal Schnee, mal Trockenheit, mal Wärme, mal Wind: Menschen, Tiere und Pflanzen brauchen all das. Und zum Glück ändert sich das Wetter übers Jahr ja auch immer wieder.

Dass sich das Wetter ändert, liegt daran, dass in der Erdatmosphäre alles ständig in Bewegung ist. Die wichtigste Ursache hierfür ist die Sonne: Sie erwärmt tagsüber Land und Wasser, nachts kühlen sie sich wieder ab. Durch diese Temperaturunterschiede entstehen Winde, die zum Beispiel Regenwolken bewegen oder heiße Wüstenluft in ferne Länder bringen.

Das beste Wetter ist deshalb abwechslungsreiches Wetter. Dann bekommt die Natur – und damit auch wir Menschen – genug von allem, was sie braucht.

Sonne und Wind sind beide „sehr gutes Wetter“ für die Energieversorgung auf der ganzen Erde. Denn damit kann man Energie für Strom, Heizung, Autos und alle technischen Geräte und Maschinen gewinnen, ohne der Umwelt zu schaden.

Wie kalt hatten es die Mammuts in der Eiszeit?

Wenn Forschende etwas über die Zeit vor Hunderttausenden oder sogar Millionen von Jahren herausfinden wollen, müssen sie Dinge finden, die es damals schon gab und die erhalten geblieben sind. Solche "Klimazeugen" gibt es tatsächlich überall auf der Welt – zum Beispiel Mammutknochen.

Ein besonders gutes Klima-Archiv ist Eis. Am Südpol und in Grönland hat es sich über Tausende von Jahren gebildet. Mit riesigen Bohrern bohrt man dort kilometertief, um Eisbohrkerne herauszuziehen. Daran kann man zum Beispiel die Temperatur und sogar Vulkanausbrüche früherer Zeiten ablesen. Man misst dafür zum Beispiel, wie dick die Schichten sind, welche Gase im Eis eingeschlossen sind und wie viel Staub man in einer Schicht findet.

Dass es Mammuts gab und wann sie lebten, weiß man, weil man in alten Gesteinsschichten und im Permafrost – das ist Boden, der immer gefroren ist – versteinerte Skelettreste gefunden hat.

In alten Gesteinsschichten kann man darüber hinaus **Fossilien** finden: versteinerte Tiere, Pflanzen, Blütensamen und sogar Tierspuren. Und selbst die Luft, die in Tropfsteinen eingeschlossen ist, erzählt etwas über vergangene Zeiten.

Weil man viele Klimazeugen aus der Eiszeit gefunden hat, kann man heutzutage ziemlich genau sagen: Die Temperaturen lagen zur Zeit der Mammuts etwa 6 bis 8 °C unter dem heutigen Mittel.

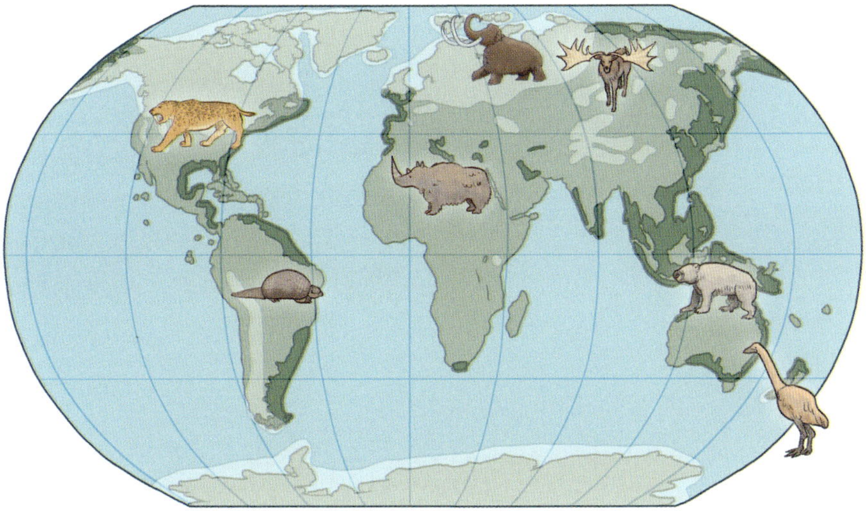

Die letzte Eiszeit begann vor etwa hunderttausend Jahren und endete vor ungefähr zehntausend Jahren. Damals war so viel Wasser als Eis gebunden, dass der Meeresspiegel über 100 Meter tiefer lag als heute. England war keine Insel, und man konnte zu Fuß von Asien nach Amerika laufen.

Was wir „Eiszeit“ nennen, heißt bei Wissenschaftler*innen übrigens „Kaltzeit“. Das ist eine besonders kalte Phase innerhalb einer viel längeren Eiszeit. Und eine Eiszeit ist eine Zeit, in der die Pole der Erde von Eis bedeckt sind.

Auch wir leben also noch in derselben Eiszeit wie die Mammuts – aber in einer warmen Phase.

Vor einigen Tausend Jahren sind die Mammuts übrigens ausgestorben – es wurde zu warm für sie. Woher man das weiß? Das könnt ihr euch jetzt ja denken!

Die Tiere hungerten in der Kleinen Eiszeit ebenso wie die Menschen. Darum kamen die Wölfe auf der Suche nach Nahrung öfter aus den Wäldern. Die Menschen bekamen Angst vor ihnen und fürchteten um ihr Vieh. Es ist also kein Zufall, dass in dieser Zeit das Märchen von Rotkäppchen und dem Wolf bekannt wurde!

Klimazeugen kann man fast überall finden! Wenn ihr das nächste Mal einen gefällten Baum seht, schaut euch mal die Jahresringe an. Ein heller und ein dunkler Ring zusammen ergeben jeweils ein Jahr. Ein breiter Ring bedeutet dabei: Als er sich bildete, war es warm und feucht. Ein schmaler zeigt kühles, trockenes Wetter an.

Was passiert bei einem Gewitter?

Blitz und Donner, Wind und Regen: Bei einem Gewitter ist die Natur ganz schön in Bewegung. Was passiert da genau, und wie könnt ihr euch vor Blitzen schützen?

Gewitter entstehen besonders häufig an schwülen Sommertagen. Dann wird die Luft schnell und stark aufgeheizt und enthält viel Feuchtigkeit. Sie schießt nach oben, kühlt dort ab, und die Feuchtigkeit fällt als Regen oder Hagel zur Erde.

Ein alter Spruch über Gewitter sagt: „Eichen sollst du weichen, Buchen sollst du suchen." Sich bei Bäumen aufzuhalten ist aber allgemein keine gute Idee! Blitze suchen sich nämlich den höchsten Punkt in der Umgebung. Und auch ihr selbst solltet nicht der höchste Punkt in eurer Umgebung sein. Also raus aus dem Schwimmbad (zumal Wasser Strom sehr gut leitet), und weg vom freien Feld! Am besten seid ihr in einem Auto aufgehoben (das ist gegen Blitze abgeschirmt) oder im Haus. Wenn das nicht möglich ist: klein machen!

Blitze sind elektrische Ladungen. Sie werden besonders gut von Dingen aus Metall eingefangen, und sie suchen sich den höchsten Punkt in der Umgebung. Darum sind Blitzableiter in der Regel Metallstangen, die ganz oben auf einem Gebäude angebracht werden. Fangleitungen führen von da aus bis zum Boden; sie leiten die Blitzenergie in die Erde ab.

Ein Blitz erhitzt schlagartig die Luft um sich herum. Sie dehnt sich „blitzschnell" aus, und das macht Krach: den Donner.

In einer Gewitterwolke wirbeln Winde die Wassertröpfchen oder Eiskristalle hin und her, und dabei stoßen sie gegeneinander. Dadurch laden sie sich elektrisch auf, oben positiv (+) und unten negativ (-). Wie bei einer Batterie, auf der ihr an einem Ende ein Plus (+) und am anderen ein Minus findet (-), wird auch in der Wolke Strom frei, wenn die Plus- und Minus-Ladungen verbunden werden. Mit einem Schlag fließt dann jede Menge Strom: ein Blitz.

Der Schall des Donners braucht für einen Kilometer etwa 3 Sekunden – das unglaublich schnelle Licht des Blitzes nur den 300.000sten Teil einer Sekunde! Den Blitz seht ihr darum, bevor ihr den Donner hört. Wenn ihr nach dem Blitz die Sekunden bis zum Donner zählt und durch drei teilt, wisst ihr, wie viele Kilometer das Gewitter ungefähr entfernt ist.

Warum wird es auf der Erde immer heißer?

Im Laufe der etwa 4,5 Milliarden Lebensjahre unserer Erde hat es immer wieder heiße und kalte Phasen gegeben. Für den rasanten Temperaturanstieg der letzten etwa 200 Jahre ist aber vor allem der Mensch verantwortlich.

Dabei spielt der **Treibhauseffekt** eine wichtige Rolle. Aber der ist erst einmal nichts Schlechtes. Der natürliche Treibhauseffekt ist sogar lebenswichtig für uns. Er sorgt dafür, dass ein Teil der Sonnenwärme in der **Atmosphäre**, der Lufthülle der Erde, bleibt – sonst wäre es durchschnittlich -18 °C kalt!

Doch inzwischen produzieren wir Menschen so viel Wärme, dass die Lufthülle immer weniger durchlässig ist und es unter ihr immer heißer wird.

Das ist der menschengemachte Treibhauseffekt, und der ist schädlich für alles Leben auf der Erde.

Der Treibhauseffekt funktioniert so: Die Sonnenstrahlen treffen auf die Erde und erwärmen sie. Der Boden gibt einen Teil der Wärme wieder ab, und diese Wärme steigt hoch in Richtung Weltraum. Ein Großteil der Wärmeenergie wird dabei von der Lufthülle der Erde festgehalten. Problematisch wird es dann, wenn durch die Treibhausgase, die wir erzeugen, nicht mehr genug Wärme ins All entweichen kann. Dann wird es auf der Erde immer wärmer.

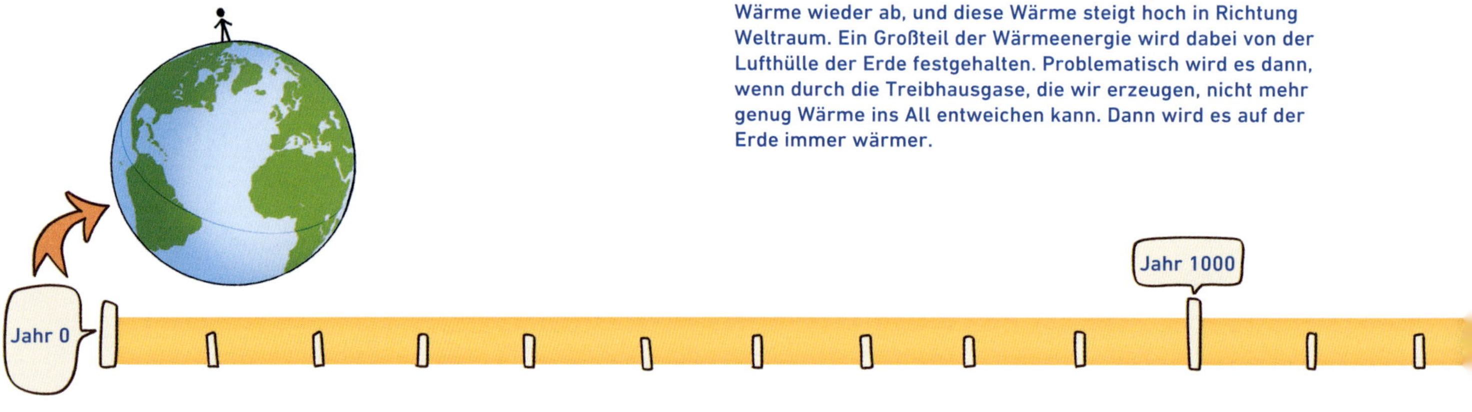

Im Jahr 0 lebten auf der ganzen Welt etwa 250 Millionen Menschen; das sind so viele, wie heute allein in Indonesien wohnen. Um das Jahr 1700 waren es schon eine Milliarde, und seitdem ging es immer schneller: 1945 gab es bereits über 2 Milliarden Menschen, und seit 2024 sind es schon über 8 Milliarden.

Eine Ursache für die Klimaerwärmung ist die Menge an Menschen auf der Erde. Allein in den letzten achtzig Jahren hat sich die Weltbevölkerung vervierfacht! Immer mehr Menschen brauchen auch immer mehr Nahrung, Platz zum Wohnen, Strom, Autos, Computer, Heizungen ...

Schon immer ist CO_2 in die Atmosphäre gelangt. Menschen und Tiere atmen es aus, Waldbrände setzen das CO_2 in Bäumen frei. Aber heute verbrennen wir fossile Rohstoffe in rauen Mengen, um Energie zu gewinnen. Dadurch befördern wir inzwischen in einem Jahr so viel CO_2 in die Atmosphäre, wie Pflanzen in einer Million Jahren aus der Luft gefiltert haben!

Für all das ist Energie nötig. Die gewinnt man noch immer vor allem dadurch, dass man **fossile Rohstoffe** verbrennt: Kohle, Erdgas und Erdöl. Doch dabei wird auch das ganze CO_2 freigesetzt, das darin gespeichert ist. Dieses Gas ist ein **Treibhausgas**, das bedeutet: Es sorgt dafür, dass immer mehr Wärme in der Atmosphäre festgehalten wird.

Kohle besteht aus den Überresten tropischer Wälder, die vor vielen Millionen von Jahren auf der Erde wuchsen. Die Bäume starben ab und wurden nach und nach von Schlamm bedeckt. Durch den Druck und die Erdwärme wurden sie gepresst und veränderten sich, bis nur noch fester Kohlenstoff übrig blieb – die Kohle.

Zusätzlich zu unserem enormen Rohstoffverbrauch verbrennen wir große Teile der Wälder, vor allem der Regenwälder. Meist macht man das, um Platz für den Anbau von Viehfutter zu schaffen. Diese Brandrodung ist aber gleich dreifach schädlich: CO_2 wird in großen Mengen freigesetzt; Bäume, die CO_2 speichern können, werden immer weniger – und der Ruß der Feuer speichert Sonnenwärme.

Der Hauptgrund, warum es auf der Erde immer heißer wird, sind also wir Menschen. Aber wir sind auch diejenigen, die etwas dagegen unternehmen können: wenn wir weniger verbrauchen und weniger Dinge herstellen, die der Natur schaden.

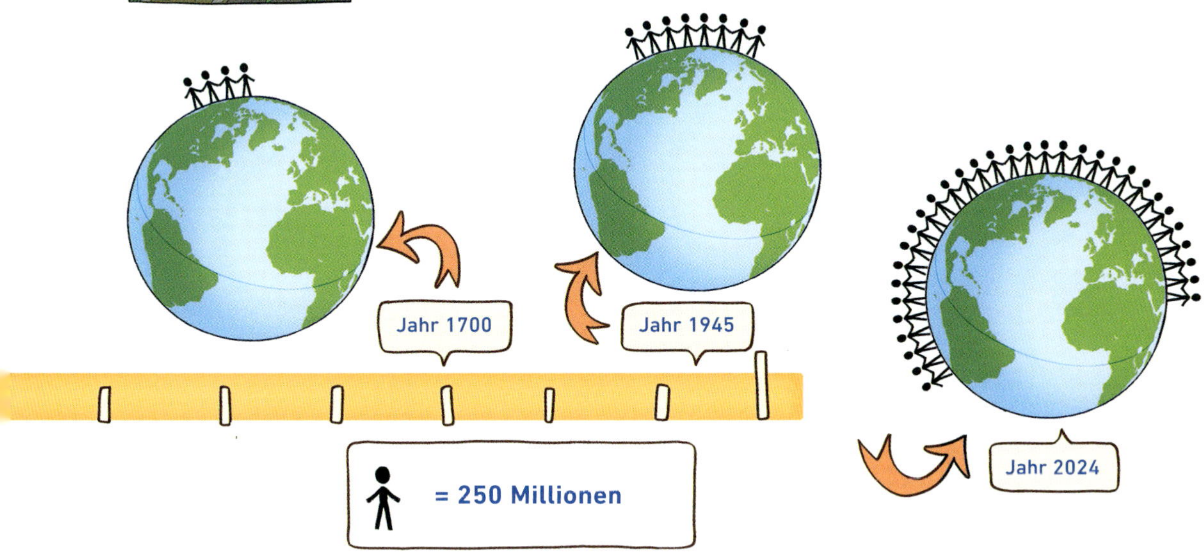

Was passiert, wenn es immer wärmer wird?

Wenn es auf der Erde wärmer wird, müssen Menschen, Tiere und Pflanzen nicht nur höhere Temperaturen aushalten. Es geschieht noch viel mehr.

In Arktis und Antarktis schmilzt das Eis, und zwar immer schneller, je weniger Eis da ist. Das liegt am **Albedo-Effekt**: Eis nimmt – wie alle weißen Flächen – Sonnenstrahlung nicht auf, sondern wirft sie zurück wie ein Spiegel. Je weniger Eis aber da ist, desto weniger wird zurückgestrahlt und desto mehr Wärme bleibt in der **Atmosphäre**.

Wenn der Meeresspiegel weiter steigt, werden in fünfzig Jahren viele Städte unter dem Meeresspiegel liegen, zum Beispiel Hamburg und Bremen in Deutschland, Amsterdam in den Niederlanden, San Francisco und New York in den USA und Shanghai in China.

Wenn das Eis schmilzt, fließt es als Wasser in die Meere. Dadurch steigt der Meeresspiegel. Dann werden Gebiete an den Küsten überschwemmt und es gibt immer weniger Land. Viele Menschen werden darum ihre Heimat verlassen und in andere Gebiete flüchten müssen.

Auch die Hitze wird Mensch und Tier dahin treiben, wo es kühler ist: in den Norden. Manche Tiere können sich an eine andere Umgebung anpassen, vielen wird das jedoch nicht gelingen. Die Tiere, die jetzt schon an den Polen oder im Hochgebirge leben, können sowieso nicht weiter nach oben oder nach Norden wandern.

Wenn es heißer wird, werden trockene Gegenden noch trockener, Waldbrände werden häufiger. Durch die Wärme verdunstet mehr Wasser, und das sorgt wiederum anderswo für

Da es wärmer wird, muss der Große Panda höher in die Berge Chinas hinaufziehen. Dort wachsen die Bambuspflanzen – die einzige Nahrung des Pandas – aber langsamer, sodass er nicht mehr genug zu fressen findet.

Die Moosjungfer ist zwar weit verbreitet, aber sie braucht kühle Temperaturen und Moore. In vielen Gebieten wird es schon zu warm für sie, aber sie kann nicht einfach weiter oben ins Gebirge oder nach Norden ziehen. Denn dort gibt es meist keine Moorgewässer.

Der Afrikanische Elefant ist sowieso schon bedroht, weil Wilderer ihn jagen und weil sein Lebensraum wegen der Menschen immer kleiner wird. Elefanten brauchen auch viel Wasser. Wenn die Savannen noch trockener werden, finden sie nicht mehr genug.

Korallenriffe mit all ihren Bewohnern brauchen stabile Temperaturen. Wenn es dort nur ein wenig zu warm wird, sterben die Korallen ab und die Tiere im Riff – zum Beispiel dieser Anemonenfisch – verlieren ihren Lebensraum.

Überschwemmungen, wenn es als starker Regen auf die Erde fällt. Überhaupt wird es öfter extremes Wetter mit heftigen Stürmen und Regen- und Schneefällen geben. Denn mehr Wärme bedeutet mehr Energie in der Atmosphäre, in der Winde und Regenwolken ständig in Bewegung sind.

Auch Hunger und Durst werden in vielen Gebieten der Erde zunehmen. Weil zum Beispiel die Gletscher im Himalaya sehr schnell abschmelzen, werden dort Dörfer weggeschwemmt, Wasserleitungen weggerissen und Wasserkraftwerke zerstört. In trockenen Gegenden wird das Anbauen von Nahrung schwieriger, wenn es immer weniger Wasser gibt.

Naturkatastrophen, Stürme, Artensterben, Hunger: All das sind Folgen der Klimaerwärmung. Darum ist es lebenswichtig für uns und die gesamte Natur weltweit, schnell etwas dagegen zu unternehmen.

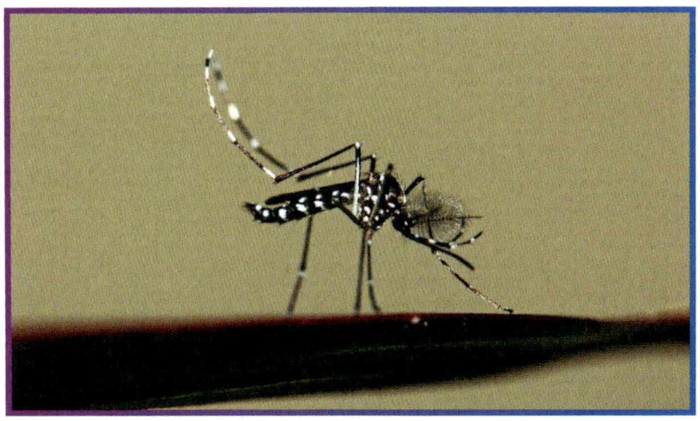

Die Klimaerwärmung macht es Insekten wie der Asiatischen Tigermücke leichter, in Gebiete einzuwandern, in denen es für sie bislang zu kalt war. Das Problem: Viele Mücken und Zecken tragen Krankheitserreger in sich, die es in unseren gemäßigten Regionen bisher nicht gab, zum Beispiel für Malaria.

Was kann man gegen die Klimaerwärmung tun?

Die bisherige Klimaerwärmung lässt sich nicht mehr rückgängig machen. Aber man kann sie noch aufhalten und die Folgen abmildern. Dafür gibt es weltweit zahlreiche Ideen, Projekte und Aktionen. Viele davon wurden von Kindern und Jugendlichen entwickelt.

Die Wissenschaft wusste schon lange, dass die Klimaerwärmung voranschreitet und dass wir Menschen dafür verantwortlich sind. Aber erst die „Fridays for Future"-Demonstrationen von Schüler*innen haben allen bewusst gemacht, dass jetzt schnell etwas unternommen werden muss.

Die schwedische Schülerin Greta Thunberg war 2018 fünfzehn Jahre alt, als sie ihren Schulstreik begann. Sie wollte die schwedische Regierung dazu bringen, die 2015 beschlossenen Klimaziele endlich umzusetzen. Inzwischen haben die „Fridays for Future"-Demonstrationen und -Aktionen überall auf der Welt viele Menschen und auch Regierungen zu schnellerem Handeln für den Klimaschutz gebracht.

Einer der wichtigsten Bausteine ist dabei, die **erneuerbaren Energien (EE)** aus Sonne, Wind und Wasserkraft auszubauen. Denn die Energiegewinnung aus Kohle und Erdöl ist die Hauptursache für die Klimaerwärmung. Darum wird erforscht, wie sich mehr EE gewinnen lassen. Solarzellen und Windräder werden verbessert, aber es werden auch ganz neue Technologien erfunden und ausprobiert. So versucht man zum Beispiel, Strom aus der Bewegung der Meereswellen zu gewinnen. Oder man baut fliegende Mini-Windkraftwerke aus Drohnen, die überall eingesetzt werden können.

Die zwölfjährige Gagan aus Indien kämpft gegen die Luftverschmutzung in ihrer Heimat Punjab. Dort werden nach der Ernte die Felder abgebrannt. Der Smog verpestet die Luft so sehr, dass die Kinder noch im 400 Kilometer entfernten Neu-Delhi schulfrei bekommen müssen! Gagan sprach mit den Bauern, hielt Reden und organisierte eine Demonstration. Seitdem haben schon mehrere Bauern mit dem Abbrennen der Felder aufgehört.

Mehr saubere Energie ist das eine. Aber um die Klimaerwärmung zu stoppen, ist es noch wichtiger, gar nicht erst so viel Energie zu verbrauchen! Dazu kann jeder Mensch eine Menge beitragen, zum Beispiel so:

- **weniger fliegen und Auto fahren, dafür mehr mit dem Rad und mit Bus und Bahn.** Dadurch wird weniger Benzin verbrannt und weniger CO_2 in die Luft geblasen.

- **weniger Fleisch essen.** Dann wird weniger Wald für den Anbau von Tierfutter gerodet. Weniger Rinder und Schafe pupsen auch weniger von dem Treibhausgas Methan in die Luft.

- **Gemüse und Obst essen, das zurzeit gerade wächst und in der Nähe angebaut wird.** Das bedeutet weniger Transporte von Nahrungsmitteln rund um die Welt, und dadurch wird weniger Treibstoff verbrannt.

- **weniger kaufen und wegwerfen, dafür mehr wiederverwenden oder tauschen.** Dinge und Kleidung, die erst gar nicht hergestellt werden müssen, verbrauchen ja am wenigsten Energie!

- **Strom und Heizung sparen.** Licht aus, wenn man einen Raum verlässt; weniger heizen, dafür wärmer anziehen: Das kann jede*r!

Nicht nur einzelne Menschen, auch Unternehmen müssen etwas verändern. Dass dort viel Energie gespart werden kann, hat sich während des Winters 2022/23 gezeigt, als das Gas knapp wurde. Viele Unternehmen haben daraufhin ganze Gebäude geschlossen, die Mitarbeiter*innen anderswo verteilt oder ins Home-Office geschickt. So konnte viel Heizenergie gespart werden.

Eine wichtige Maßnahme gegen die Klimaerwärmung ist es, CO_2 aus der Luft zu filtern. Dazu gibt es überall auf der Welt neue Ideen. So speichert eine Schweizer Firma CO_2 in Gestein oder macht es als Kohlensäure für die Sprudelherstellung nutzbar. Ein finnisches Unternehmen füttert spezielle Mikroben – winzig kleine Lebewesen – mit CO_2, die daraus ein Eiweiß herstellen. Daraus kann man wiederum Nahrungsmittel machen oder auch einen Erdöl-Ersatz herstellen.

Plastik braucht nicht nur viel Energie bei der Herstellung – es zersetzt sich auch sehr langsam und sorgt für Müllberge an Land und im Meer. Dabei ist Plastik zu vermeiden gar nicht so schwer. In vielen Städten gibt es „Unverpackt-Läden", dort bekommt man die Einkäufe in mitgebrachte Dosen abgefüllt. Auch in anderen Läden gibt es zum Beispiel Joghurt in Pfandgläsern oder Taschentücher in Pappboxen. Oder wie wäre es mit einer Zahnbürste aus Holz und mit fester Haarseife statt Shampoo aus der Flasche?

Einige Städte wie Istanbul in der Türkei, Rom in Italien und Peking in China haben ein cleveres System eingeführt, mit dem weniger Plastik auf dem Müll landet und gleichzeitig weniger Menschen mit dem Auto und mehr mit Bus und Bahn fahren: Dort kann man Plastikflaschen und -becher gegen eine Fahrkarte eintauschen! In Surabaya in Indonesien zum Beispiel kostet eine zweistündige Fahrt zehn Plastikbecher oder fünf Flaschen.

Alles, was nicht weggeworfen wird, spart Energie, weil dafür nicht etwas Neues hergestellt werden muss. Statt zum Beispiel immer neues Geschenkpapier zu kaufen, das gleich wieder ins Altpapier wandert, könnt ihr Geschenke auch anders verpacken. Zum Beispiel mit Stofftüchern oder Zeitungspapier, mit wiederverwendbarer Kordel verschnürt und mit einer Blume geschmückt. Oder wie wäre es mit einem bemalten Glas oder einem schön beklebten Pappkarton? Ihr habt bestimmt noch mehr Ideen!

Neue Technologien, klimafreundliche Gesetze und Ideen, Energie sparen, Müll vermeiden, Wälder schützen ... All das verhindert, dass es noch heißer wird. Aber es ist ja schon wärmer geworden, und die Welt hat sich dadurch verändert. Wie können wir damit umgehen?

Mehr Grünflächen mit Bäumen in den Städten sorgen in Hitzesommern für kühlere Luft, weil sie viel Wasser verdunsten und Schatten spenden. Wenn es heftig regnet, schützen Grünflächen außerdem vor Überschwemmung, denn dort kann der Regen im Boden versickern.

Eine der wichtigsten Antworten: Bäume, Bäume, Bäume! Bäume atmen CO_2 ein und Sauerstoff aus. Sie speichern das CO_2, das dann keinen Schaden mehr in der **Atmosphäre** anrichten kann. Außerdem senken sie die Temperaturen, indem sie viel Wasser verdunsten.

Bäumepflanzen und das Aufforsten von Wäldern, das wird jetzt in vielen Teilen der Welt vorangetrieben. Doch auch die Wälder selbst müssen verändert werden. Die meisten sind heutzutage **Plantagen,** also Flächen, auf denen nur eine einzige Baumart wächst.

Plantagen sind aber viel anfälliger für Krankheiten als Mischwälder. Eine einzige Insektenart, die auf eine bestimmte Baumart spezialisiert ist, kann dort alle Bäume auf einmal vernichten.

In vielen europäischen Wäldern baut man darum den Wald wieder zu einem Mischwald aus verschiedenen Baumarten um. Außerdem pflanzt man mehr Bäume wie Buchen und Roteichen, die mit Hitze und Trockenheit besser umgehen können.

Seit Jahrtausenden setzen Reisbauern in asiatischen Ländern Fische in ihren Feldern aus, damit sie Insekten und Krankheitserreger fressen. Jetzt hat man herausgefunden, dass die Fische auch winzige Lebewesen vertilgen, die ihrerseits Bakterien fressen. Diese Bakterien ernähren sich von Methan, einem besonders schädlichen Treibhausgas. Wenn es dank der Fische also weniger von den Lebewesen gibt, die die Bakterien fressen, gibt es wieder mehr Bakterien und so gelangt weniger Methan in die Luft.

Wie heiß war es zur Zeit der Dinosaurier?

Als die Dinosaurier auf der Erde lebten, war es deutlich heißer als jetzt. Die Durchschnittstemperatur lag bis zu 10° höher! Aber warum?

In der Geschichte der Erde hat es immer wieder warme und kalte Zeitalter gegeben. Mal war fast die gesamte Erde von Eis bedeckt, mal waren sogar die Pole eisfrei. Das hat vor allem mit der Umlaufbahn zu tun, auf der die Erde um die Sonne kreist.

Sie verändert sich immer wieder, und damit wird auch der Abstand zwischen Erde und Sonne mal kleiner, mal größer. Darum gelangt mal mehr, mal weniger Sonne nstrahlung auf die Erde.

Auch auf der Erde selbst ändert sich ständig etwas, das Einfluss auf das Klima nimmt. Am Leben und Aussterben der Dinosaurier kann man das gut sehen.

Die Landmassen verschieben sich zwar sehr langsam, aber stetig. Im Laufe der 200 Millionen Jahren, in denen Dinosaurier auf der Erde lebten, bewirkte diese **Kontinentaldrift,** dass der Superkontinent „Pangäa“ in mehrere kleine Kontinente zerbrach. Dadurch entstanden mehr Küsten, und mehr Regen konnte ins Landesinnere gelangen. Das Klima wurde kühler und feuchter.

Auch die Größe der Eisschilde beeinflusst das Klima: Je mehr Eis da ist, desto mehr Sonnenwärme wird ins Weltall zurückgestrahlt. Treibhausgase wie CO_2 hingegen sorgen dafür, dass mehr Wärme auf der Erde bleibt.

Vor etwa 200 Millionen sah die Landmasse der Erde - „Pangäa“ - so aus.

So sehen die Landmassen der Erde heute aus.

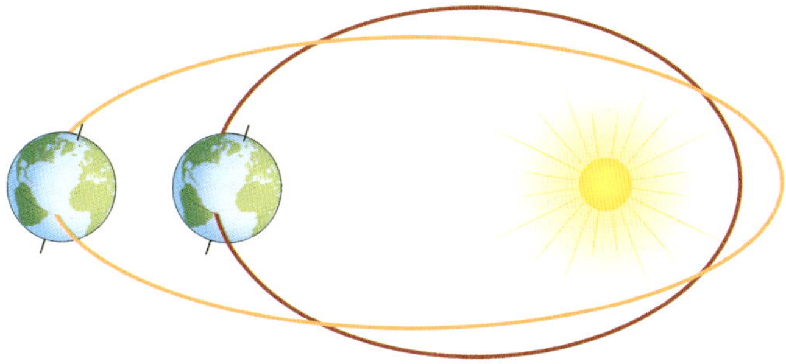

Die Bahn der Erde um die Sonne ist mal kreisförmiger, mal eiförmiger. Dadurch kommt die Erde etwa alle hunderttausend Jahre für lange Zeit näher an die Sonne – es wird wärmer. Zurzeit ist die Bahn annähernd kreisförmig.

Zur Zeit der Dinosaurier war der CO_2-Gehalt der Atmosphäre hoch, und es gab viele Pflanzen, die zudem schnell wuchsen. Deshalb konnten Dinosaurier auch so groß werden: Es gab genug zu fressen.

Vulkanausbrüche haben ebenfalls große Auswirkungen auf das Klima. Denn dabei werden riesige Mengen an Asche und Staub freigesetzt, die das Sonnenlicht abschirmen – es wird kälter. Zusammen mit dem Einschlag eines Meteoriten wurden den Dinosauriern auch die Vulkanausbrüche zum Verhängnis.

Auf der Erde hat es immer wieder große Klimaveränderungen gegeben. Die rasante Klimaerwärmung der letzten 200 Jahre ist in der Erdgeschichte aber beispiellos. Sie wurde und wird von uns Menschen verursacht. Nie zuvor wurden so schnell so große Mengen an Treibhausgasen freigesetzt. Und noch etwas ist anders als zur Zeit der Dinosaurier: Weil wir so viele Flächen bebaut haben, gibt es heute viel weniger Pflanzen, die die Treibhausgase speichern können. Beides müssen wir ändern, um die Klimaerwärmung aufzuhalten.

Die Dinosaurier lebten vor 250 bis 65 Millionen Jahren. Dann schlug ein großer Meteorit auf der Erde ein und wirbelte so viel Staub und Asche auf, dass weniger Sonnenlicht zur Erde durchdrang. Die Pflanzen konnten ohne Sonne nicht wachsen, darum hatten zuerst die pflanzenfressenden Dinosaurier nichts mehr zu fressen. Und weil sie ausstarben, fanden dann auch die Fleischfresser keine Nahrung mehr.

Kann hier bei uns auch ein Vulkan ausbrechen?

Ja, das ist tatsächlich möglich. Aber in Mitteleuropa kommen zerstörerische Vulkanausbrüche nicht öfter als alle paar Tausend Jahre vor. Zurzeit brauchen wir davor keine Angst zu haben.

Dass es in früheren Zeiten jedoch viel Vulkanaktivität zum Beispiel in Deutschland und Österreich gab, sieht man der Landschaft immer noch an: Zahlreiche Berge und Hügel sind dadurch entstanden. Und in den Kratern erloschener Vulkane haben sich mancherorts Seen gebildet, zum Beispiel die Maare in der Eifel.

In anderen Teilen der Welt sind immer wieder Vulkane aktiv. Die nächsten, von uns aus gesehen, befinden sich in Italien: der Ätna und der Vesuv. Sie liegen in dicht besiedelten Gebieten, darum beobachten und messen Wissenschaftler*innen sehr genau, was sich dort unter der Erde tut. So können sie Alarm geben, wenn Erschütterungen und Erdbeben zunehmen und ein Ausbruch bevorsteht.

Die Eifel ist das größte Vulkangebiet in Mitteleuropa mit etwa 450 Vulkanen. Die Maare sieht man dort überall.

Als im April 2010 der isländische Vulkan Eyjafjallajökull ausbrach, verteilte er so viel Asche über Nord- und Mitteleuropa, das tagelang der Flugverkehr lahmgelegt wurde.

Vulkanausbrüche können enorme Folgen für das Klima haben. Ihre Asche verdunkelt die Sonne und lässt die Temperaturen sinken. Die glühende Lava setzt aber auch Wälder in Brand, wodurch sehr schnell große Mengen Treibhausgase in die Atmosphäre gelangen und die Temperaturen wieder steigen.

Die Auswirkungen der meisten Vulkanausbrüche beschränken sich auf ein überschaubares Gebiet. Aber es gibt auch solche, die das Klima auf der ganzen Erde beeinflussen, wie es zur Zeit der Dinosaurier geschehen ist. Und auch in jüngerer Zeit hat es solche Ereignisse gegeben.

Besonders heftige Folgen hatte der Ausbruch des indonesischen Vulkans Tambora im Jahr 1815. Seine gigantische Aschewolke umkreiste die Erde mehrmals. Dadurch sanken die Temperaturen so stark, dass dieses Jahr als „Jahr ohne Sommer" in die Geschichte einging. Das war schlimm für die Menschen, denn die Ernten fielen schlecht aus, viele hungerten, und Krankheiten breiteten sich aus. In Mitteleuropa kam es außerdem zu starken Unwettern und Überschwemmungen, in der Schweiz und im Osten Kanadas und der USA gab es heftige Schneefälle.

Wir können Vulkanausbrüche nicht verhindern, aber es ist immer besser möglich, sie vorherzusagen.

Der Ätna in Italien ist ständig aktiv. Die Lava fließt aber gleichmäßig heraus, weil sie sehr dünnflüssig ist. So können sich keine Pfropfen im Vulkan bilden, die irgendwann in einer Explosion in die Luft fliegen könnten.

Was bedeuten die Zeichen auf der Wetterkarte?

H, T, Pfeile und Linien: Diese Zeichen verraten uns eine Menge über die Wetterlage und auch über das kommende Wetter. Hier lernt ihr, sie zu lesen.

Die dünnen Linien auf einer Wetterkarte nennt man „Isobaren“. Sie verbinden Orte, an denen der Luftdruck gleich ist. Auf unserer Karte haben zum Beispiel Helsinki, Dresden und Rom den gleichen Luftdruck.

Wenn die Linien nahe beieinander liegen, wird es wegen der Druckunterschiede windig oder auch stürmisch. Liegen sie weit auseinander, ist es ruhig und wenig windig.

Ein Hochdruckgebiet (H) bringt im Sommer meist warmes Wetter, im Winter aber oft sehr kaltes.

Ein Tiefdruckgebiet (T) kommt meist mit Wolken, Regen oder Schnee und starkem Wind daher. Die dicken Pfeile ⇢ zeigen, in welche Richtung kalte oder warme Luft fließt.

Wetterkarten sind verschieden. Mal findet ihr darauf mehr, mal weniger Symbole, die zudem unterschiedlich aussehen können. Aber ihr werdet die Zeichen auf anderen Karten wiedererkennen, wenn ihr sie mit denen auf dieser Wetterkarte vergleicht.

Wie warm oder kalt es ist, kann man nicht nur an den Grad-Angaben ablesen, sondern auch an den Farben: Dunkelrot steht für sehr warm, Dunkelblau für sehr kühl. Sie sind aber nicht mit einer bestimmten Temperatur gleichzusetzen! Denn je nach Jahreszeit können zum Beispiel 15 °C eher kühl und darum blau dargestellt sein (im Hochsommer) oder sehr warm und darum rot (im Winter).

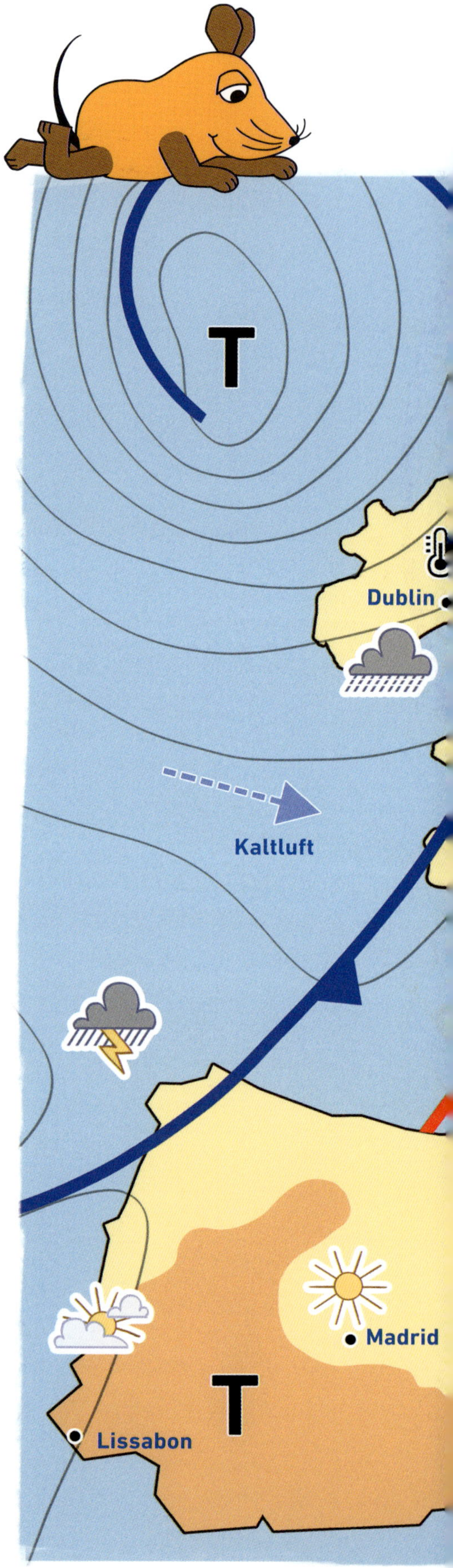

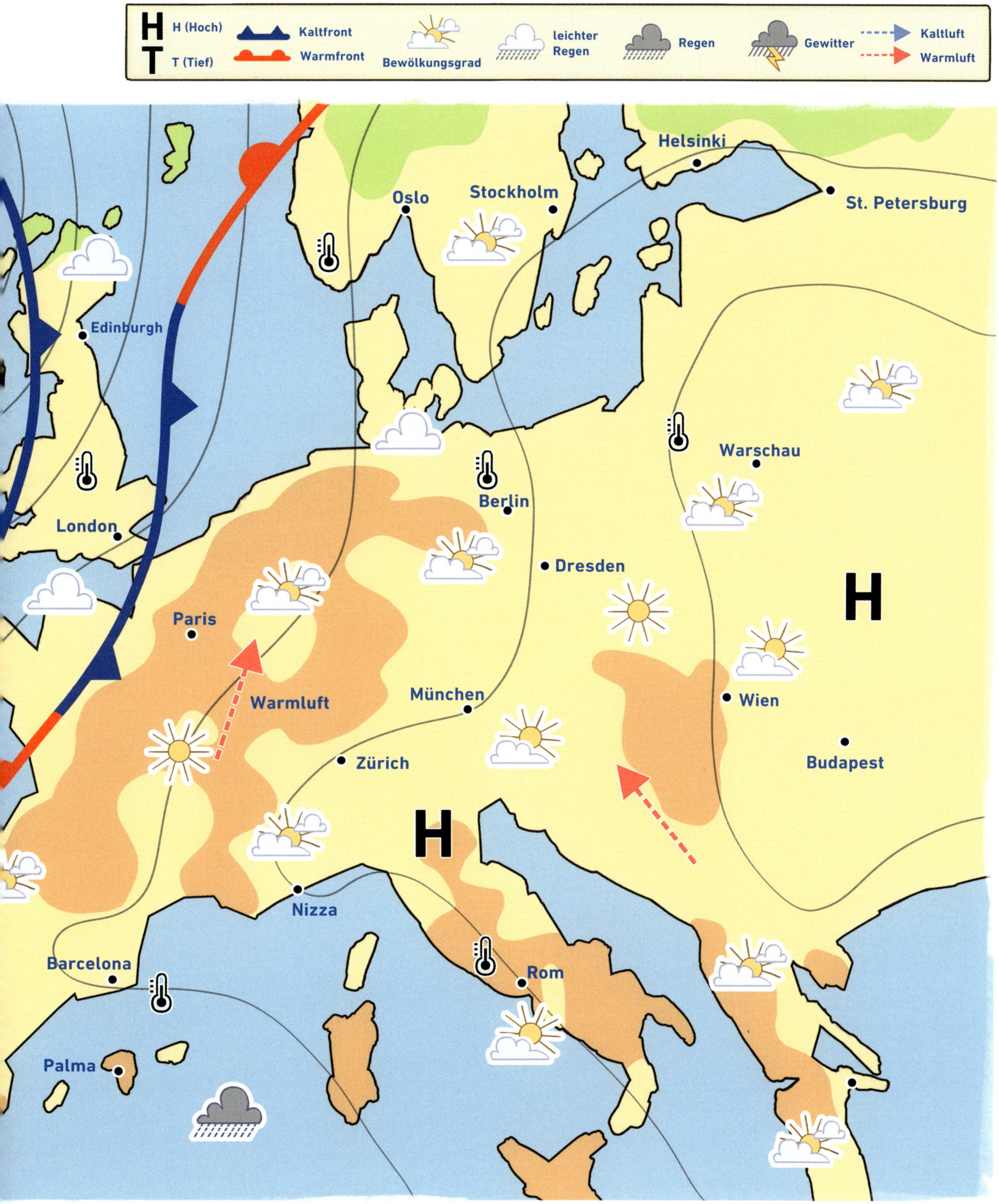
H H (Hoch)
T T (Tief)
Kaltfront
Warmfront
Bewölkungsgrad
leichter Regen
Regen
Gewitter
Kaltluft
Warmluft
Helsinki
St. Petersburg
Oslo
Stockholm
Edinburgh
Warschau
Berlin
London
Dresden
Paris
H
Warmluft
München
Wien
Zürich
Budapest
H
Nizza
Barcelona
Rom
Palma

Ist extreme Sommerhitze gefährlich?

Eine Temperatur von über 40 °C im Sommer kommt in den letzten Jahren bei uns häufiger vor. Aber kann eine solche Hitze auch krank machen?

Seit 1881 wird das Wetter aufgezeichnet. Darum weiß man: Die zehn heißesten Sommer seitdem ereigneten sich weltweit alle in den letzten zwanzig Jahren! Und Wissenschaftler*innen gehen davon aus, dass wegen der Klimaerwärmung solche Hitzesommer schon bald nicht mehr die Ausnahme, sondern der Normalfall sein werden.

Noch dramatischer als in Europa sieht es in Afrika und in den Ländern des Mittleren Ostens wie dem Irak, Syrien oder Ägypten aus. Dort ist es sowieso schon heißer als bei uns. Und die Temperaturen steigen mit der Klimaerwärmung auch noch schneller als bei uns! Für Menschen, Tiere und Pflanzen ist es inzwischen kaum noch möglich, damit fertigzuwerden.

Wegen der Klimaerwärmung liegen bei uns in Europa inzwischen die Sommer-Temperaturen oft wochenlang über 30 °C und bringen Trockenheit und Wasserknappheit – in Südeuropa dazu immer häufiger Waldbrände, die zusätzliche Hitze erzeugen.

So heiße Sommer sind anstrengend und gefährlich für alle Lebewesen. Denn wenn unsere Körpertemperatur zu sehr steigt, funktionieren unser Körper und auch unser Geist nicht mehr richtig. Wir Menschen schwitzen dann automatisch, um den Körper zu kühlen. Doch bei Außentemperaturen von über 30 °C wird das sehr anstrengend für den Körper, vor allem, weil wir viel Wasser verlieren. Dadurch können wir Kopfschmerzen bekommen, uns wird schwindelig oder übel und wir fühlen uns müde und erschöpft.

In der Sommerhitze kommt es schneller zu Waldbränden. Dadurch heizt sich die Luft noch mehr auf. Fast noch schlimmer ist aber, dass es nach einem Brand weniger Bäume gibt, die Wasser verdunsten und dadurch die Luft kühlen.

Für Babys, alte und kranke Menschen kann die Sommerhitze sogar lebensgefährlich werden. Vor allem bei älteren Menschen funktionieren die Kühlsysteme des Körpers nicht mehr so gut. Wenn sie dann nicht genug trinken, versagt ihr Herz oder ein anderes lebenswichtiges Organ oder sie bekommen einen Hitzschlag. Allein im Sommer 2022 sind in Europa etwa 60.000 Menschen an der Hitze gestorben.

Wenn die Nächte zu warm sind, schlafen wir schlechter und sind tagsüber weniger ausgeruht. Aber es gibt ein paar Tricks, wie ihr trotz Hitze besser schlafen könnt: 1. Macht es möglichst dunkel im Zimmer. 2. Stellt euch eine Flasche Wasser neben das Bett und trinkt, wenn ihr wach werdet. 3. Macht aus eurer Wärmflasche eine „Kühlflasche", indem ihr sie mit kaltem Wasser füllt.

Große Hitze über einen längeren Zeitraum ist also nicht nur für unsere Umwelt, sondern auch für unsere Gesundheit gefährlich.

Das könnt ihr tun, um auch im heißen Sommer gesund zu bleiben:

!

- euch vor allem in der Mittagshitze nicht anstrengen und in kühlen Innenräumen aufhalten
- besonders viel trinken, weil wir beim Schwitzen viel Wasser verlieren
- einen Sonnenschutz tragen, zum Beispiel eine Kappe mit zusätzlichem Nackenschutz
- möglichst im Grünen spielen, am besten unter Bäumen, weil es da kühler ist als auf der Straße

Was ist ein Wetterfrosch?

Meteorolog*innen, die zum Beispiel im Fernsehen das Wetter vorhersagen, nennt man scherzhaft „Wetterfrösche". Denn früher glaubte man, dass Frösche wissen, wie das Wetter wird.

Man steckte die armen Tiere sogar in Gläser mit einer kleinen Leiter. Wenn sie hochkletterten, sollte das sonniges Wetter ankündigen. Das ist auch nicht ganz falsch, denn Frösche klettern in der Natur bei Sonnenschein tatsächlich auf Gräsern und Büschen nach oben.

Nicht, weil sie Wahrsager wären, sondern weil bei Sonne die Insekten, die sie fressen, höher fliegen als bei Regen.

Es gibt noch viel mehr solcher Regeln, die sich mit dem Wetter beschäftigen und die man „Bauernregeln" nennt.

Wenn es bald regnet, fliegen Insekten niedriger. Und die Vögel, die sie fressen, ebenso. Bienen fliegen zu ihrem Stock zurück, wo es trocken ist. Und viele Pflanzen schließen ihre Blüten, damit sie nicht verletzt werden.

Die Wetterdistel trägt ihren Namen übrigens zu Recht: Wenn ihre Blüte offen ist, regnet es garantiert nicht! Bei Sonnenschein fliegen Insekten und Vögel höher, die Blumen öffnen ihre Blüten – und die Grashüpfer zirpen besonders laut!

Mit einem Kiefernzapfen kannst du selbst vorhersagen, ob es bald regnen wird. Leg den Zapfen vor ein Fenster oder an einen trockenen Platz draußen. Wenn er sich schließt, ist es feucht und regnet wahrscheinlich bald. Wenn er geöffnet ist, ist die Luft trocken und du brauchst erst mal keine Regenjacke!

Denn auch vor Hunderten von Jahren, als es noch keine Computer zur Wetterberechnung gab, mussten vor allem Bauern und Bäuerinnen wissen, wie das Wetter wird. Das ist auch heute noch so: Wenn es zum Beispiel am nächsten Tag hagelt, muss man vorher ernten, sonst ist die Ernte verloren. Auch für Fischer*innen und Seeleute kann eine gute Wettervorhersage lebenswichtig sein.

Viele dieser Regeln sind gereimt, damit man sie sich gut merken kann, zum Beispiel: „Quaken die Frösche im April, noch Schnee und Kälte kommen will.“ Aber die meisten sind nicht sehr zuverlässig. Nicht, weil die Menschen es damals nicht besser wussten, sondern deshalb:

- Im Jahr 1582 wurden zehn Tage aus dem Kalender gestrichen; dadurch verschieben sich die Zeiträume aus in den Sprüchen, die man davor schon verwendet hat.
- Viele Regeln entstanden im Mittelalter, als es für etwa vierhundert Jahre deutlich kälter war als heute.
- Die Regeln wurden von den Menschen an einem bestimmten Ort aufgestellt und passten für diese Gegend – galten aber nicht unbedingt für andere Regionen.

Diejenigen der Regeln, die sich auf eine Beobachtung der Natur stützen, treffen aber auch heute häufig noch zu. So ist ein Ring um den Mond tatsächlich ein Zeichen für baldigen Regen, weil der Ring aus Eiskristallen besteht. Und sowohl Tiere als auch Pflanzen verhalten sich je nach Wetter unterschiedlich.

Es gibt aber wohl nur eine einzige Regel, die wirklich immer und überall stimmt: „Wenn der Hahn kräht auf dem Mist, ändert sich das Wetter oder es bleibt, wie es ist.“

Warum heißen Hochs zum Beispiel „Irina“ oder „Tim“?

Hochs und Tiefs haben großen Einfluss auf unser Wetter, deshalb kommen sie im Wetterbericht oft vor. Ihre Namen machen die Wetterkarte einfach übersichtlicher. Damit kann man leichter über die verschiedenen Hochs und Tiefs sprechen.

Im deutschsprachigen Raum vergibt das Institut für **Meteorologie** in Berlin die Namen, in alphabetischer Reihenfolge. Früher hatten Hochs immer männliche Namen und Tiefs weibliche. Das fanden gegen Ende des letzten Jahrhunderts immer mehr Menschen ungerecht, weil Tiefs oft mit Sturm und Regen verbunden sind, Hochs mit Sonne und Wärme. Darum wechselt man seit 1998 jedes Jahr: Einmal bekommen die Tiefs männliche Namen und die Hochs weibliche, dann ist es wieder umgekehrt.

Aber was sind eigentlich Hoch- und Tiefdruckgebiete und wie entstehen sie? Um das zu verstehen, muss man nur eine einzige Regel kennen: Kalte Luft ist schwerer als warme.

Bei einem Hochdruckgebiet sinkt Kaltluft nach unten und drückt die Luft unter sich zusammen. Dadurch steigt der Druck: Ein Hochdruckgebiet entsteht. Im Sommer bedeutet eine solche Wetterlage meistens warmes Wetter, im Winter oft sehr kaltes.

So entsteht eine **Warmfront:** Wenn eine warme Luftmasse sich auf eine kalte zubewegt, schiebt sie sich darüber – weil warme Luft leichter ist als kalte. Dadurch gerät die warme Luft weiter nach oben, wo es kälter ist, und kühlt nun ebenfalls ab. Dann bilden sich Wolken, und es kann auch schon mal länger regnen.

So entsteht eine **Kaltfront:** Wenn eine kalte Luftmasse sich auf eine warme zubewegt, schiebt sie sich darunter – denn kalte Luft ist schwerer als warme. Sie drückt die warme Luft nach oben. Dort entstehen dann hohe Wolken, und es regnet und gewittert oft heftig.

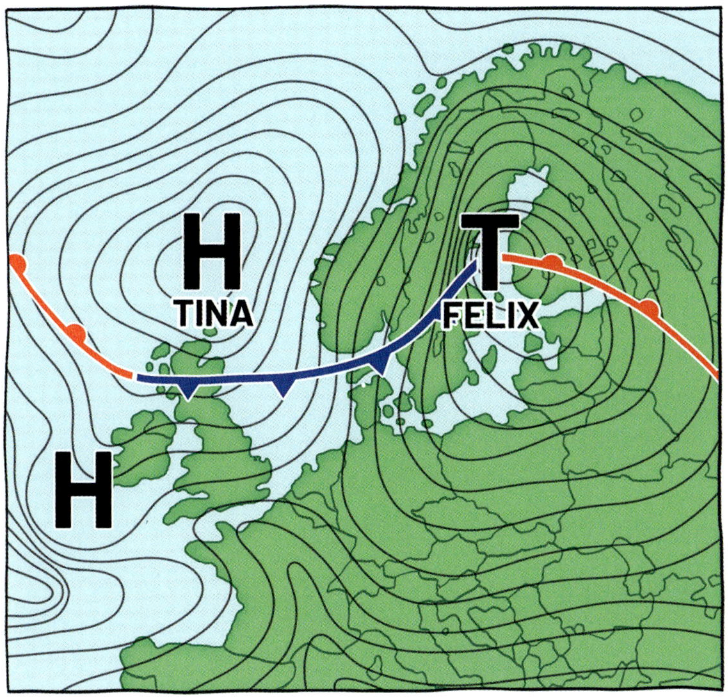

Jede*r kann übrigens Namens-Vorschläge für Hochs und Tiefs einreichen. Im Jahr 2023 zum Beispiel bekamen die Hochs Namen wie Meryem, Oldenburgia, Queenie und Danica – und die Tiefs hießen unter anderem Xerxes, Ian und Vasco.
Ein Hoch kostet zurzeit 360 Euro, ein Tief nur 240 – weil Tiefs häufiger sind. Die Freie Universität Berlin verwendet das Geld, um ihre Wettermessungen weiter durchführen zu können.

Ein Tiefdruckgebiet entsteht ... ja, genau andersherum. Warme Luft, die leichter ist als kalte, steigt nach oben. Unter ihr bleibt dann Luft zurück, die weniger zusammengepresst ist: ein Tiefdruckgebiet. Das bringt meist Wolken, Regen, Schnee und auch starken Wind.

Wenn große warme und kalte Luftmassen aufeinanderprallen, bildet sich eine Wetterfront. Sie kann viele Tausend Kilometer breit sein und bringt Regen und Gewitter.

!

Luft hat ein ganz schönes Gewicht: Ungefähr zehntausend Kilo drücken auf jede*n von uns! Wir sind aber daran gewöhnt und schwimmen sozusagen in der Luft wie die Fische im Wasser. Wir merken das Gewicht nur, wenn sich der Luftdruck ändert.
Auf dem Mond gibt es gar keine Luft, darum konnten die Astronauten bei ihren Mondlandungen dort so hoch springen. Denn dort wird man nur durch die Schwerkraft auf der Oberfläche gehalten.

Wenn du dich mit dem Rücken zum Wind hinstellst, kannst du herausfinden, wo das Hoch und wo das Tief liegt. Der Wind weht immer schräg in das Tief hinein – also befindet es sich nun schräg links vor dir. Und schräg rechts hinter dir ist das Hoch, denn der Wind weht immer schräg aus dem Hoch heraus.

Wer macht das Wetter?

Früher dachte man, dass Götter für das Wetter verantwortlich sind. Heute weiß man: Es ist vor allem die Sonne.

Dass wir auf der Erde überhaupt Temperaturen haben, die Leben erlauben, verdanken wir der Sonne. Zwar ist sie 150 Millionen Kilometer von uns entfernt, aber ihre Strahlung ist dafür auch unvorstellbar heiß: 6.000 °C sind es auf der Sonnenoberfläche!

Die Sonnenwärme erreicht die Erde und erwärmt den Boden, die **Atmosphäre**, Ozeane und Seen. Dadurch wird der gesamte Wasserkreislauf der Erde in Gang gehalten: Wasser verdunstet und steigt als Dampf nach oben.

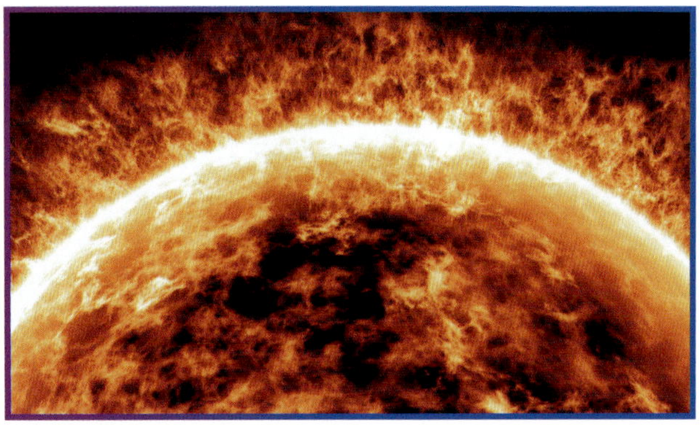

Dass die Sonne eine so enorme Hitzestrahlung freisetzt, liegt an der **Kernfusion** in ihrem Inneren: Die Kerne von winzig kleinen Teilchen verschmelzen zu größeren Kernen. Dabei entsteht so viel Energie, dass das Innere der Sonne 15 Millionen Grad Celsius erreicht!

Er kühlt in höheren Luftschichten wieder ab, und weil warme Luft viel mehr Feuchtigkeit halten kann als kalte, fällt er aus der kalten Luft als Regen oder Schnee zurück auf die Erde. Dieses Wasser läuft in Seen und ins Meer, ein Teil davon versickert auch ins Grundwasser.

Wasserkreislauf

Die Sonne macht auch den Wind. Denn warme Luft steigt nach oben, kalte sinkt nach unten. Wenn die Sonne Luft erwärmt, entsteht also sofort Bewegung in der Atmosphäre.

Hitze, Regen, Sturm, Flüsse, Blitz, Wind, Frost, Schnee, Hagel, Wolken ... Ja, unser gesamtes Wetter verdanken wir unserer Sonne!

In aller Welt glaubten die Menschen früher, dass Götter das Wetter machen. Die German*innen stellten sich Thor mit seinem Donner-Hammer vor. In China waren es die Blitzgöttin Tien Mu und der Donnergott Lei Kung. Im alten Griechenland war Boreas für Nordwinde zuständig und Notos für Südwinde. In Ägypten gab es den Sonnengott Ra, bei den Azteken im heutigen Mexiko machte Tlaloc das Wetter. Und viele indigene Völker Nordamerikas und Asiens glaubten, dass riesige Vögel den Sturm bringen.

Woher kommt der Wind?

Wie alles beim Wetter wird auch der Wind auf der Erde vor allem von der Sonne gemacht. Aber wie funktioniert das?

Habt ihr schon mal in einem Etagenbett gelegen? Vielleicht ist euch dabei aufgefallen, dass es im oberen Bett etwas wärmer ist als im unteren. Das hat denselben Grund, aus dem auch Wind entsteht: Warme Luft steigt immer nach oben, kalte sinkt nach unten.

Island wird auch „Heimat der Tiefs“ genannt. Dort ist der Wind besonders stark, denn warme Luft, die zum Nordpol fließt, trifft dort auf besonders kalte Gegenluft vom Pol. Die warme Luft weicht nach oben aus, darunter entsteht ein Tiefdruckgebiet.

Besonders stark erwärmt die Sonne die Gebiete am **Äquator,** denn dort treffen ihre Strahlen fast senkrecht auf die Erde, ganz anders als an den Polen. Und dann passiert das Gleiche wie im Etagenbett: Die warme Luft steigt nach oben. Sie bewegt sich in Richtung der Pole, kühlt sich aber in der Höhe wieder ab, weil es dort kälter ist und ihr die

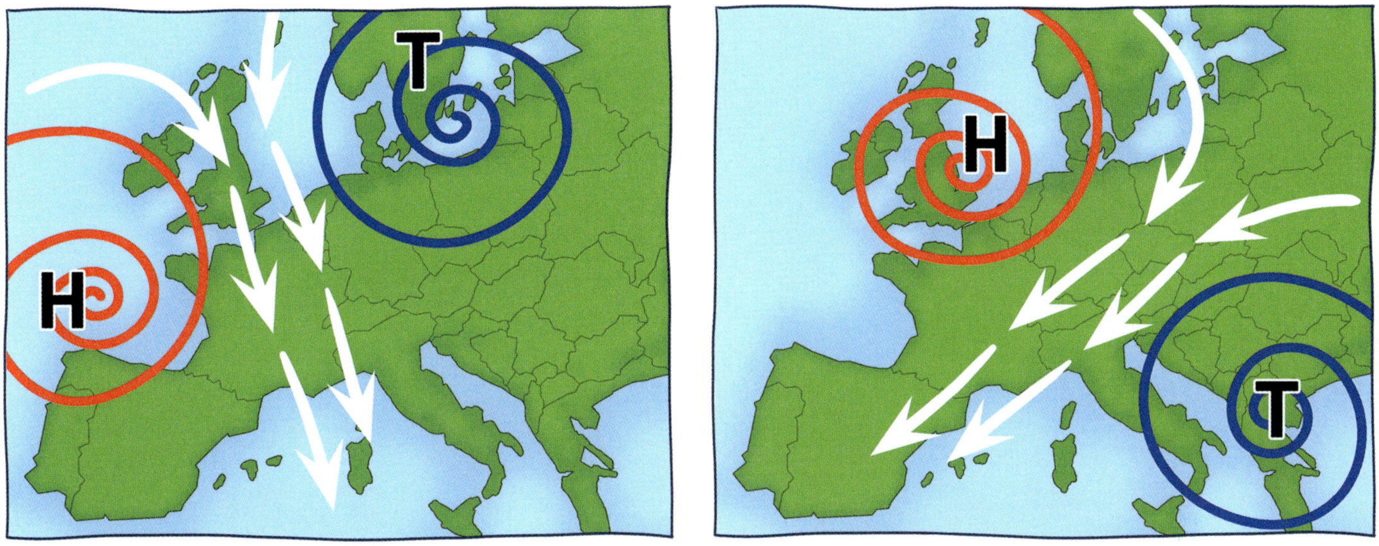

Auf unserer Nordhalbkugel drehen Hochs sich linksherum, Tiefs rechtsherum (auf der Südhalbkugel ist es andersherum). Zwischen ihnen wird die Luft wie zwischen zwei Walzen bewegt. Wenn Hoch und Tief in Nordlage liegen, bringen sie kalte Polarluft zu uns, die bei ihrem Weg übers Meer Feuchtigkeit aufgenommen hat. In Ostlage fließt kalte Luft aus Russland in unsere Richtung. Weil sie nicht übers Wasser, sondern über Land kommt, ist sie trocken.

kalte Polarluft entgegenkommt. Darum sinkt sie nach einer längeren Strecke wieder nach unten, wird dort wieder wärmer ... und so geht es immer weiter.

Weil die Erde sich aber auch noch um ihre eigene Achse dreht, werden diese Luftströme seitlich abgelenkt. Auf der Nordhalbkugel nach Osten, auf der Südhalbkugel nach Westen. Darum kommt bei uns in Europa der Wind auch meistens aus Westen.

Welche weiten Wege die Luftströmungen rund um die Erde nehmen, sieht man am Sandstaub aus der Wüste Sahara in Afrika. Der Wind verteilt 500 Millionen Tonnen davon jedes Jahr überall in der Welt. Sogar den viele Tausend Kilometer entfernten Amazonas-Regenwald in Südamerika düngt dieser Sand!

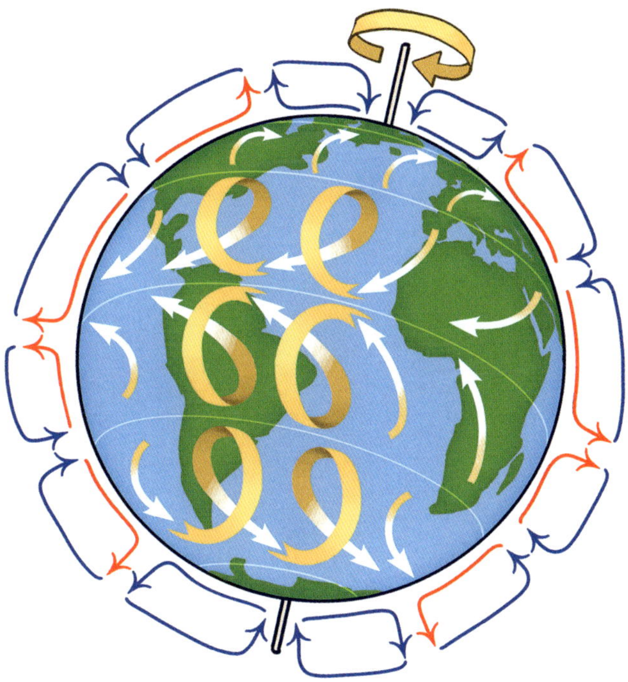

Warme Luft steigt auf, kalte sinkt herunter. So entstehen rund um die Erde verschiedene Zellen von Luftströmungen. Die Erde dreht sich – am Äquator mit flotten 1.670 Kilometern pro Stunde! –, darum wehen diese Winde nicht gerade, sondern werden zur Seite gedrückt.

Warum können in Irland Palmen wachsen?

Wenn ihr den Regen beobachtet, seht ihr, dass er im Boden versickert oder im Gulli verschwindet. Wer am Wasser wohnt, bemerkt auch, dass viel Regen in den Fluss oder das Meer fällt. Aber was passiert dann weiter?

Man könnte sagen: Das Wasser auf der Erde ist ständig unterwegs. Regen fließt ins Grundwasser ab oder über Flüsse ins Meer. Wenn die Sonne das Wasser erwärmt, steigt es als Wasserdampf wieder hoch und zieht als Wolke weiter – bis es als Regen wieder auf die Erde fällt.

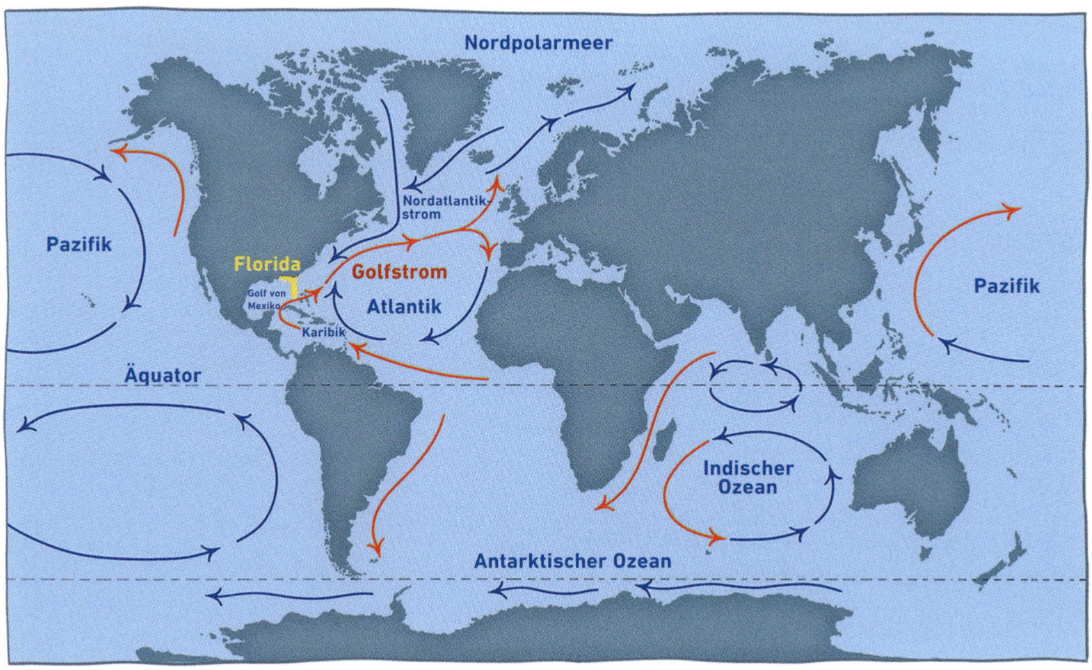

Die „Unterwasserautobahnen" in den Meeren sind für alle Lebewesen sehr wichtig, weil die Strömungen Wärme, Sauerstoff und Nährstoffe überallhin transportieren.

Manche Tiere reisen große Strecken mit dem Golfstrom. Viele Unechte Karettschildkröten zum Beispiel schlüpfen in der Gegend von Florida in den USA aus dem Ei und lassen sich sofort mit dem Strom nach Norden treiben. In den mittreibenden Seegraswiesen können sie sich verstecken und Nahrung finden. Nach mehreren Jahren kehren sie mit dem Nordäquatorialstrom zurück nach Florida, wo sie ihre Eier in den Sand legt. Und dann beginnt alles von vorne.

Die günstigen Meeres- und Windströmungen waren entscheidend dafür, dass Kolumbus' Segelschiffe Amerika erreichten und dass es einen ständigen Austausch zwischen Amerika und Europa gab. Denn von Europa nach Amerika fließt eine starke Meeresströmung und der Nordostpassat bläst, ein kräftiger Wind. Auf dem Rückweg helfen der Golfstrom und starker Westwind.

Aber auch die Meere selbst sind in Bewegung. Nicht nur an der Oberfläche, wo sie Wellen schlagen, sondern vor allem weiter unten. Tatsächlich ziehen gewaltige Meeresströmungen unter Wasser ihre Bahnen um die ganze Welt.

Und das ist auch für uns an Land lebenswichtig, denn die Strömungen haben enormen Einfluss auf unser Wetter und das Klima. Ohne den warmen Golfstrom zum Beispiel wäre es in Europa 5 bis 10 Grad Celsius kälter! Denn er bringt warmes Wasser aus dem Golf von Mexiko bis zu uns.

Was aber treibt die Strömungen an? Der warme Golfstrom zum Beispiel wird erstaunlicherweise in Gang gehalten … von dem eiskalten Wasser im Nordpolarmeer! Dort gefriert ständig Meerwasser zu Eis. Dabei bleibt das Salz aber im Wasser, das Eis besteht nur aus Süßwasser. Die Kälte und das viele Salz machen das Wasser schwerer, es sinkt zum Meeresgrund. Das könnt ihr euch vorstellen wie einen gigantischen Wasserfall, nur eben unter Wasser.

Wenn so viel Wasser sinkt, wird zum Ausgleich auch viel Wasser nachgesaugt – und das ist in diesem Fall das warme Wasser aus dem Golf von Mexiko und der Karibik. Und unten am Meeresgrund fließt das abgesunkene kalte Wasser zurück durch den Atlantik. So bleibt alles in Bewegung.

Der Golfstrom beschert uns in Europa viel wärmeres Wetter als anderen Ländern, die so weit im Norden liegen. Darum können in Irland sogar Palmen wachsen.

Warum kann man im Flugzeug auf die Wolken runtergucken?

Normalerweise sehen wir zu den Wolken hoch. Aber sie können nur eine bestimmte Höhe erreichen. Um das zu verstehen, sehen wir uns an, was Wolken eigentlich sind und wie sie entstehen.

Wie bei allem, was das Wetter betrifft, ist auch hier die Sonne entscheidend. Sie erwärmt das Wasser in Flüssen und Ozeanen. Ein Teil davon verdunstet und steigt nach oben, weil warme Luft immer leichter ist als kalte.

Eine Wolke ist also warme Luft, die viel Feuchtigkeit in Form von winzigen Tröpfchen enthält. Je höher sie steigt, desto weniger Luftdruck lastet auf ihr, darum kann sie sich ausbreiten. Weiter oben wird es auch kühler. Kalte Luft kann aber weniger Feuchtigkeit halten als warme.

Normale Düsenflugzeuge fliegen nicht viel höher als 15 Kilometer. Wolken gibt es aber nur bis 10, maximal 15 Kilometer über dem Boden. Darum fliegen Flugzeuge manchmal über den Wolken.

Und das ist der Grund, warum es – je nach Temperatur – irgendwann regnet oder schneit: Die winzigen Tröpfchen in den Wolken verbinden sich zu großen Tropfen und fallen dann zur die Erde.

Aber warum steigen Wolken nicht höher, als Flugzeuge fliegen? Die Lufthülle der Erde, die **Atmosphäre,** besteht aus unterschiedlichen Schichten. Die warme Luft steigt auf, solange die Luft um sie herum kälter ist als sie selbst. In etwa 15 Kilometern Höhe stößt sie dann auf die **Ozonschicht.** Die nimmt viel Wärme von der Sonne auf und ist dadurch selbst warm. Die Wolke kann darum nicht weiter steigen.

Habt ihr euch schon mal gefragt, wie es sich anfühlt, in einer Wolke zu sein? Geht einfach mal durch Nebel hindurch. Denn Nebel ist nichts anderes als eine Wolke am Boden!

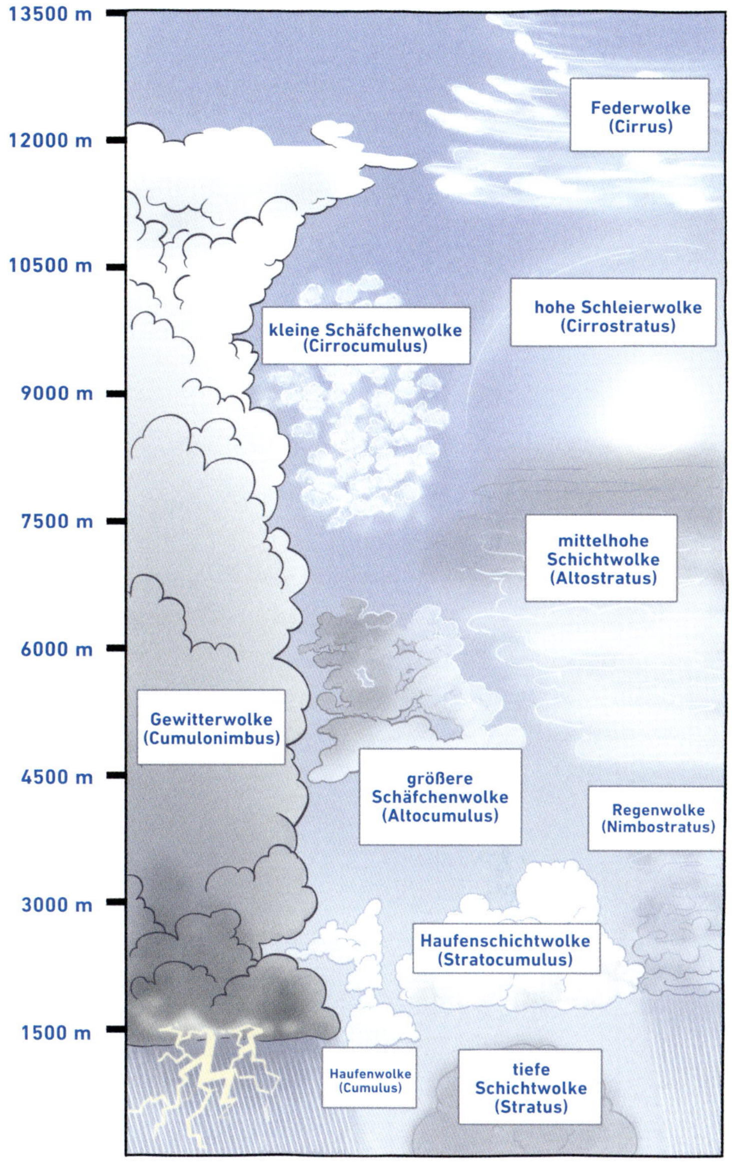

In verschiedenen Höhen gibt es verschiedene Wolkenarten, die alle eigene Namen haben. Mit ihnen könnt ihr selbst das Wetter vorhersagen: Wattige Cumulus-Wolken sind ein Zeichen für warmes, sonniges Wetter. Hohe Cirrus-Wolken weisen auf kalte oder warme Luftmassen hin, die sich nähern. Und die niedrigen grauen Stratus-Wolken bringen Regen.

So könnt ihr eure eigenen Wolken machen:

1. Füllt einen Topf mit warmem Wasser.
2. Gebt Eiswürfel in eine kleine Schale oder einen kleinen Topf, am besten mit Stiel.
3. Bewegt die Schale dicht über dem Topf hin und her.

Lasst euch mit dem warmen Wasser bitte von einem oder einer Erwachsenen helfen!

Wie kann man wissen, wie das Wetter morgen wird?

Wind, Sonne, Wasser, Wolken – alles bewegt sich und hängt zusammen. Darum ist eine Wettervorhersage ganz schön schwierig.

Wenn ihr euren Geburtstag draußen feiern wollt, ist es gut zu wissen, wie das Wetter wird. Und auch für die Seefahrt, die Landwirtschaft und Fluggesellschaften ist eine gute Wettervorhersage wichtig. Doch wie schafft man es, das Wetter vorherzusehen?

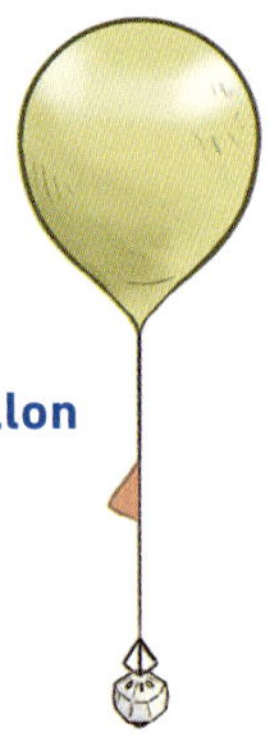

Wetterballon

Hygrometer

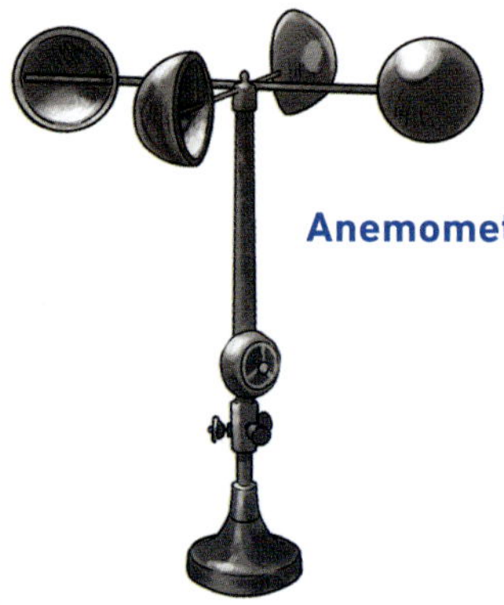

Anemometer

Thermometer

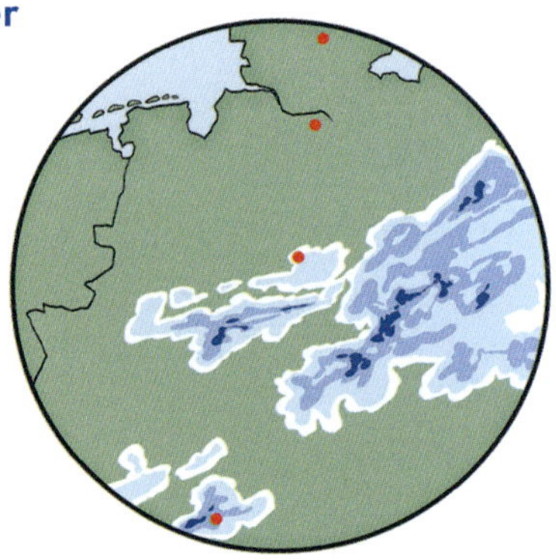

Regenradar

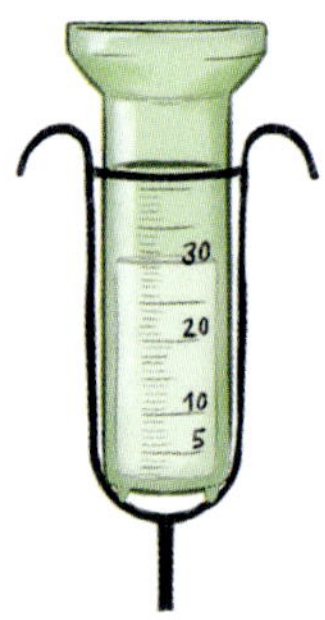

Regenmesser

Mit dem Wetterballon misst man Windstärke, -richtung und -temperatur in verschiedenen Höhen. Das Anemometer zeigt Windstärke und -richtung nah am Boden an. Ein Hygrometer kann die Feuchtigkeit der Luft messen, ein Thermometer die Temperatur. Die Regenmenge misst man einfach mit einem Sammelbehälter. Und weil Regentropfen Radarwellen zurückwerfen, kann ein Regenradar Regenfälle entdecken.

Für diese Glaskugel braucht man keine Wahrsagerin! Sie misst, wie lange die Sonne scheint. Dafür wird am Morgen ein Papierstreifen hinter die Kugel gelegt. Wenn die Sonne daraufscheint, brennt sich das wie durch ein Brennglas in den Streifen ein.

Weil das Wettergeschehen so vielschichtig ist, brauchen die Wetterexpert*innen – die Meteorolog*innen – eine gute Ausbildung, um es zu verstehen. Und es sind Unmengen von Informationen nötig, die überall auf der Welt gesammelt werden: über Temperatur, Luftdruck, Luftfeuchtigkeit, Regenmenge, Windrichtung, Sonnenscheindauer und mehr. Zusätzlich schicken Wettersatelliten aus dem Weltraum Bilder von Wolken zur Erde.

All diese Daten werden bei den Wetterdiensten der Länder gesammelt; zum Beispiel für die Schweiz bei Meteoschweiz, für Österreich beim ZAMG und für Deutschland beim DWD, dem Deutschen Wetterdienst. Dann gibt man die Daten in Computer ein, die daraus mögliche Wetterentwicklungen berechnen.

Aber die wichtigste Arbeit kommt erst danach: Meteorolog*innen sehen sich all die Daten und Berechnungen an und versuchen abzuschätzen, wie sich das Wetter entwickeln wird. Daraus machen sie dann die Wetterkarte, die ihr zum Beispiel im Fernsehen oder online sehen könnt. Die Vorhersagen verschiedener Sender und Institute unterscheiden sich übrigens oft ein wenig, weil nicht alle dieselben Quellen und Programme verwenden.

Auf einem Satellitenbild kann man erkennen, wie die Wolken aussehen und wohin sie sich bewegen. Außerdem entdecken Satelliten zum Beispiel Waldbrände und Vulkanausbrüche.

Eine Wettervorhersage ist aber keine Garantie. Und sie gilt höchstens für drei Tage, denn sie wird mit der Zeit zwangsweise immer ungenauer. Weil all die Dinge, die das Wetter bestimmen, in Bewegung sind und sich dabei auch noch gegenseitig beeinflussen.

Wie schmeckt Gletscher-Eis?

Schmeckt gefrorenes Wasser süß? Oder salzig? Tatsächlich gibt es zwei verschiedene Sorten von Eis.

Wenn ihr Schnee esst, schmeckt das immer süß und nicht salzig – genauso wie Gletschereis. Denn das ist ebenfalls aus Schnee entstanden. An den Polen konnte der Schnee nicht tauen, darum wurde er immer weiter zusammengepresst und schließlich zu Eis.

Aber warum ist Schnee nicht salzig? Wenn Wasser verdunstet, bleibt das schwere Salz zurück. Wasserdampf ist also immer salzfrei, und damit auch der Regen oder Schnee, zu dem der Dampf beim Abkühlen in den Wolken wird.

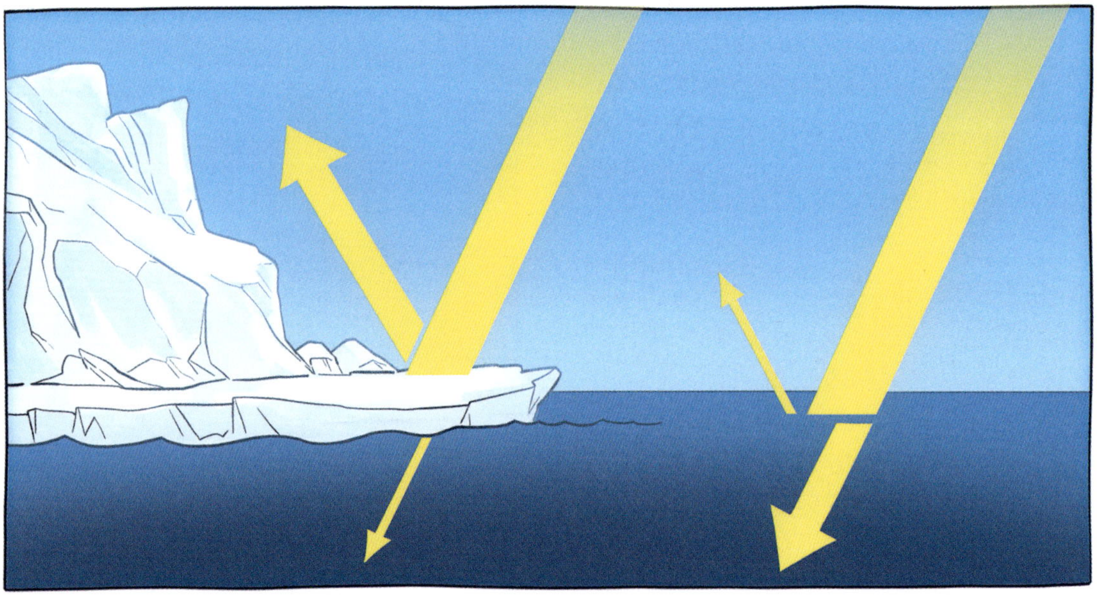

Das Eis an den Polen leistet einen entscheidenden Beitrag dazu, die Erde zu kühlen. Das liegt am Albedo-Effekt (von lateinisch *albus*, „weiß“). Wie alle weißen Flächen wirft Eis einen großen Teil der Sonnenstrahlen wieder zurück, wie ein Spiegel. Dunkle Flächen wie das Meerwasser hingegen nehmen die Wärme auf. Das bedeutet: Je weniger Eis es gibt, desto mehr Sonnenwärme wird vom Wasser aufgenommen – und desto wärmer wird es, was wiederum mehr Eis schmelzen lässt. So verstärkt sich die Erwärmung der Erde immer weiter.

Gibt es denn überhaupt salziges Eis? Ja, an den Polen. Dort ist es so kalt, dass das salzige Meerwasser selbst gefrieren kann. Es verdunstet vorher nicht, darum bleibt das Eis salzig.

Die Gletscher und das Meer-Eis sind für unser Klima enorm wichtig. Aber sie schmelzen immer schneller ab, weil es auf der Erde wärmer wird. Dabei wird nicht nur die Luft wärmer, sondern auch das Meer unter dem Meer-Eis.

Der dänische Künstler Olafur Eliasson hat mit seiner Kunstinstallation „Ice Watch“ (englisch für: „Eis-Uhr“ und auch „Eis-Wache“) auf die Gletscherschmelze aufmerksam gemacht. Die Installation bestand aus Blöcken aus echtem Gletschereis, die in Form einer Uhr angeordnet waren. Sie tauten und verschwanden – wie es zurzeit auch mit den Gletschern überall auf der Welt passiert.

In Ländern, die nahe am Nordpol liegen, ist der Boden permanent, also dauerhaft gefroren: **Permafrost** nennt man das. Durch die Klimaerwärmung beginnen diese Böden aber inzwischen aufzutauen. In Alaska und Sibirien zum Beispiel hat das schlimme Folgen: Häuser stürzen ein, Stromleitungen kippen um. Dazu kommt noch, dass beim Auftauen viel CO_2 frei wird, das zur Klimaerwärmung beiträgt.

Wenn die Gletscher und das Meer-Eis schmelzen, passieren mehrere Dinge:

- Wegen des abnehmenden **Albedo-Effekts** wird es immer schneller noch wärmer.
- Der Meeresspiegel steigt. Küstengebiete werden überschwemmt, und es gibt immer weniger Land.
- Das Meerwasser wird ebenfalls wärmer und dehnt sich dabei aus. So steigt der Meeresspiegel noch mehr.
- Weil die Gletscher aus Süßwasser bestehen, verwässern sie die Meere, machen sie weniger salzig. Das wirkt sich auf die Meeresströmungen aus, die auch das Klima an Land stark beeinflussen.

Wie es aussieht, lässt sich das weitere Abschmelzen der Gletscher wohl nicht mehr verhindern. Umso wichtiger ist es, dass wir alles gegen eine weitere Klimaerwärmung tun, was wir können.

Wie entsteht ein Wirbelsturm?

In der Mitte eines Wirbelsturms – in seinem „Auge" – ist es ganz ruhig. Aber drum herum stürmt es umso heftiger.

Wirbelstürme an Land nennt man „Tornados". Manchmal, wenn es schwül und feucht ist, wächst sehr schnell eine große Gewitterwolke heran. Wenn dann der Wind über der Wolke in eine andere Richtung weht als der Wind darunter, fängt die Riesenwolke an, sich immer schneller zu drehen.

Wirbelstürme, die sich über dem Meer bilden, tragen verschiedene Namen, je nachdem, wo sie entstehen. Im Nordatlantik und Ostpazifik heißen sie „Hurrikan", im Südpazifik und im Indischen Ozean „Zyklon" und im nordwestlichen Pazifik „Taifun".

Und so entsteht ein solcher Wirbelsturm: Im Sommer und im Herbst ist das Meerwasser in den Tropen besonders warm. Dann bilden sich gewaltige Gewitterwolken über dem Meer.

Während sie übers Meer ziehen, nehmen sie Wasser auf, das über dem warmen Meer verdunstet – und zwar mehrere Milliarden **Tonnen** am Tag!

Tornados kommen den USA oft vor, in Europa aber nur selten. Manche Menschen reisen sogar absichtlich zu diesen gefährlichen Windhosen, um sie zu fotografieren. Man nennt sie „Sturmjäger".

Windstärken werden nach der Beaufort-Skala angegeben. Sie reicht von 1: „Windstille" bis 12: „Orkan". Sir Francis Beaufort hat sie entwickelt und 1832 veröffentlicht. Da man Wind damals nicht anders messen konnte, beziehen sich die Windstärken auf die Auswirkungen, die der Wind auf die Umgebung hat.

Ein besonders heftiger Hurrikan war „Katrina", der 2005 über den Bahamas entstand. Als er über den Golf von Mexiko zog, nahm er so sehr an Stärke zu, dass er viel zerstörte, als er auf Land traf. Die Stadt New Orleans, die unter dem Meeresspiegel liegt, wurde überflutet, weil ihre Deiche brachen. Die meisten Menschen verloren ihre Häuser, konnten sich aber in Sicherheit bringen, weil es frühzeitige Sturmwarnungen gab.

Wenn sie dann auf Land treffen, richtet zunächst der heftige Wind Schäden an. Aber schlimmer sind die Wassermassen, die auf die Erde fallen – manchmal in wenigen Tagen so viel wie sonst in einem ganzen Jahr. Sie verursachen Überschwemmungen und Erdrutsche.

In manchen tropischen Gegenden wie Südasien und dem Süden von Nordamerika richten diese Wirbelstürme jedes Jahr enorme Schäden an. In Europa sind wir aber wegen unserer Lage deutlich nördlich der Tropen sicher vor ihnen.

Ein Orkan ist kein Wirbelsturm, sondern ein „normaler", aber besonders starker Sturm. Glücklicherweise zieht er selten über das Festland. Der Orkan „Kyrill" im Jahr 2007 tat das doch. Er war über 250 km pro Stunde schnell und richtete in Europa große Schäden an. Wälder, Straßen und Stromleitungen wurden zerstört, Schulen und Betriebe wurden geschlossen, und 47 Menschen starben.

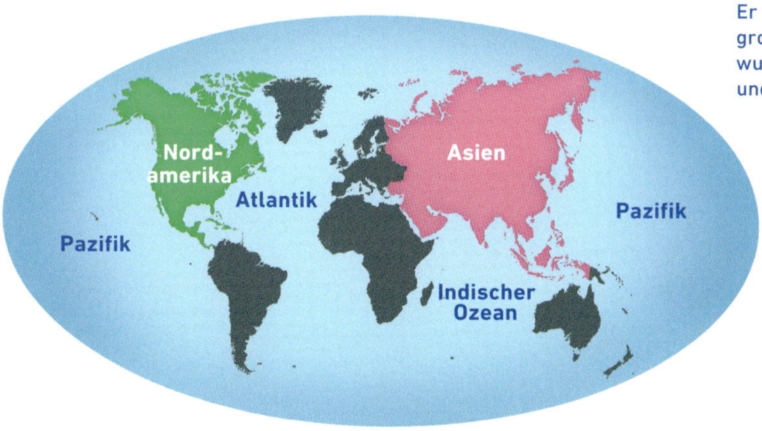

An der Richtung, in die sich ein Wirbelsturm dreht, könnt ihr erkennen, wo er unterwegs ist: Bei uns auf der Nordhalbkugel der Erde drehen sich Hurrikan und Co. gegen den Uhrzeigersinn, auf der Südhalbkugel mit ihm.

Regnet es im Regenwald immer?

Im Regenwald regnet es zwar nicht durchgehend, aber tatsächlich jeden Tag!

Denn der Regenwald macht sein eigenes Wetter. Wenn morgens die heiße Sonne aufgeht, verdunstet dadurch so viel Wasser, dass Wolken über dem Wald entstehen. Ab dem Nachmittag regnen sie dann ab. Und am nächsten Morgen geht es von vorne los.

Überall auf der Welt spielt die Landschaft eine große Rolle für das Wetter: Wälder speichern Wasser, Gebirge lassen Wolken abregnen, die Unterschiede von Wasser- und Lufttemperatur sorgen für Wind und bestimmen das Klima auf den Kontinenten und Inseln.

Für die Temperatur an einem Ort ist es entscheidend, ob er in der Nähe von Wasser liegt oder nicht. Land heizt sich in der Sonne schnell auf und kühlt auch schnell wieder ab. Wasser hingegen verändert seine Temperatur nur langsam; die Meere werden darum in der Nacht oder im Winter niemals zu kalt und am Tag oder im Sommer nie zu warm.

Deshalb kann man an den Küsten meist milde Winter und warme Sommer genießen, weil das immer nur mäßig kalte oder warme Meer für Kühlung im Sommer und Wärme im Winter sorgt.

Wolken über dem Regenwald

Im südlichen Jakutien in Russland herrscht Kontinentalklima, weil das Land weit vom Meer entfernt liegt. Im Sommer kann es bis zu 30 °C warm werden – im Winter unter -30° C. Die kälteste jemals gemessene Temperatur in einem bewohnten Ort gab es auch in Russland, im sibirischen Oimjakon: -67,8 °C!

Das **Kontinentalklima** – das Klima im Inneren der Kontinente – ist hingegen oft extrem. Dort gibt es große Temperaturunterschiede zwischen Tag und Nacht sowie Winter und Sommer, weil kein Meer für einen Ausgleich sorgt.

Auch unsere Bauwerke gehören inzwischen zur Landschaft und haben ebenfalls Einfluss auf das Wetter. Hochhäuser zum Beispiel sorgen für Luftwirbel und beeinflussen damit den Wind in der Stadt.

Welche Auswirkungen riesige Windparks und gigantische Felder mit Sonnenkollektoren auf Wetter und Klima haben können, wird zurzeit untersucht.

Menschen, die in der Nähe der Alpen leben, kennen den „Föhn“, einen warmen, trockenen Fallwind. Auch an anderen Orten der Welt gibt es Fallwinde, zum Beispiel den „Chinook“ in den Rocky Mountains. Sie entstehen, wenn feuchte Luft auf einer Seite des Gebirges hochsteigt. Dabei kühlt sie ab, Wolken bilden sich und regnen ab. Die Luft, die dann über den Berg strömt, ist trocken und wärmt sich auf, wenn sie Richtung Boden „fällt“ (daher der Name „Fallwind“).

Man vermutet, dass die starken Windverwirbelungen der Windräder Dürren begünstigen können. In der Wüste könnten sie jedoch zu mehr Regen führen, weil sie die Wärme aus den oberen Luftschichten nach unten transportieren. Und eine riesige Anzahl dunkler Sonnenkollektoren in einer Wüste verringert möglicherweise den für die Kühlung so wichtigen **Albedo-Effekt:** Sie nehmen mehr Wärme auf als der helle Sand unter ihnen.

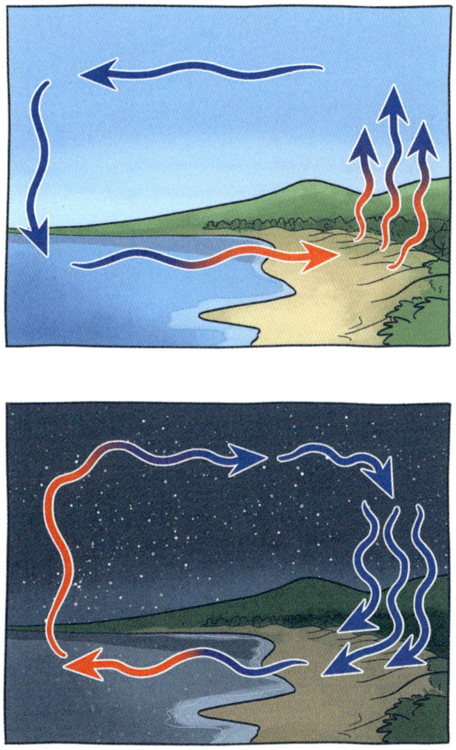

Am Tag weht der Wind am Meer in Richtung Land, nachts in Richtung Meer. Das liegt daran, dass sich das Land schneller erwärmt und schneller abkühlt als das Wasser. Tagsüber wird das Land schnell warm, die warme Luft steigt hoch und saugt die kühle Seeluft nach: Der Wind weht vom Meer. Nachts ist es umgekehrt: Das Land kühlt schneller ab als das Wasser und die Luft sinkt darum nach unten, zum Meer hin. Die wärmere Luft über dem Wasser wird dadurch nach oben gedrückt und strömt in Richtung Land.

Warum gibt es immer öfter Hochwasser?

In den letzten Jahren erleben wir immer öfter Hitzewellen und Starkregen. Auch das hängt mit der Erderwärmung zusammen.

Ein Hochwasser mit vielen Toten, damit hätte in Deutschland noch vor wenigen Jahrzehnten niemand gerechnet. Doch 2002 gab es so ein Hochwasser an der Elbe, und im Sommer 2021 trat die Ahr über die Ufer und zerstörte Häuser, Straßen, Weinberge und ganze Orte.

Warme Luft kann mehr Feuchtigkeit halten als kalte. Und wenn mehr Feuchtigkeit in der Luft ist, wirkt sich das auf das Wetter und das Klima aus.

Dadurch werden zum Beispiel Regenfälle heftiger. Einerseits, weil die Luft mehr Wasser enthält – andererseits, weil sich die **Hoch- und Tiefdruckgebiete** als Folge der Klimaerwärmung immer langsamer bewegen. Es schüttet dann nicht mal eben für eine Stunde, sondern gleich einen ganzen Tag lang wie aus Eimern.

Dass es auf diese Weise mehr Überschwemmungen und Fluten gibt, liegt auf der Hand. Aber auch Hitzewellen, Trockenheit und Dürre nehmen zu. Denn wenn die Luft und damit auch die

Bangladesch im Südosten Asiens ist immer wieder von Überschwemmungen betroffen. Mit der Klimaerwärmung nehmen sie in diesem armen Land aber noch weiter zu – eine Katastrophe für die Menschen dort.

Regenwolken sich langsamer bewegen, bleibt es an sowieso schon trockenen, heißen Orten noch länger trocken. Wir erleben das in Europa bei den Hitzewellen im Sommer, die vor allem im Süden zu heftigen Waldbränden führen. In sehr trockenen Gebieten zum Beispiel in Afrika ist es noch viel schlimmer: Dort breitet sich die Wüste immer weiter aus, und viele Menschen müssen deshalb ihre Heimat verlassen.

Verhindern lassen sich solche extremen Wetterereignisse nicht, aber manche ihrer Folgen kann man abmildern. Zum Beispiel Waldbrände: Sie entstehen bei großer Hitze vor allem, weil in vielen warmen Ländern Nadelbäume aus kalten, trockenen Gegenden angebaut wurden. Inzwischen hat man erkannt, dass ein gesunder Mischwald mit vielen Laubbäumen Brände verhindert. Denn darin ist viel Wasser in Bäumen und Boden gespeichert. Außerdem kann ein solcher Mischwald starken Stürmen viel besser widerstehen. Deshalb baut man vielerorts den Wald um – aber das dauert, weil Bäume nun mal langsam wachsen.

Zum Schutz vor Hochwasser kann man Deiche und ausgeklügelte Sturmwehre bauen und neue **Auen** rund um die Flüsse schaffen. In manchen Gebieten der Erde jedoch helfen keine neuen Wälder und keine Baumaßnahmen mehr. Dann bleibt den Menschen nur noch eins: wegzuziehen.

Natürliche Flüsse verlaufen in Kurven und sind von großen Naturgebieten umgeben, die immer wieder mal überschwemmt werden – den Auen. Das ist der beste Hochwasserschutz, darum werden viele Flüsse inzwischen wieder renaturiert, also in einen natürlichen Zustand mit Kurven und Auen versetzt.

In den Niederlanden ist man beim Hochwasserschutz ganz weit vorn. Denn das Land liegt, wie der Name schon sagt, zu einem großen Teil unter dem Meeresspiegel – und der Rest liegt nur knapp darüber. Darum hat man dort schon immer viele Deiche gebaut und auch dieses gigantische Sturmflutwehr, das das Land vor Überschwemmungen schützt.

Gibt es im Weltraum auch Wetter?

Ja, das gibt es tatsächlich! Nicht mit Regen, Schnee und Wolken – für all das braucht es eine **Atmosphäre.** Aber Winde und Stürme gibt es trotzdem, und dabei steht wieder die Sonne im Mittelpunkt.

In jeder Sekunde werden auf der Sonne ungeheure Mengen an Energie frei. Ständig werden die Energieteilchen in alle Richtungen gepustet – unvorstellbare eine Million Tonnen pro Sekunde! Das ist der Sonnenwind.

Manchmal kommt es auch zu einem Sonnensturm. Dann werden die Energieteilchen, die die Sonne sonst gleichmäßig ausstößt, wie bei einer Explosion ins All geschleudert.

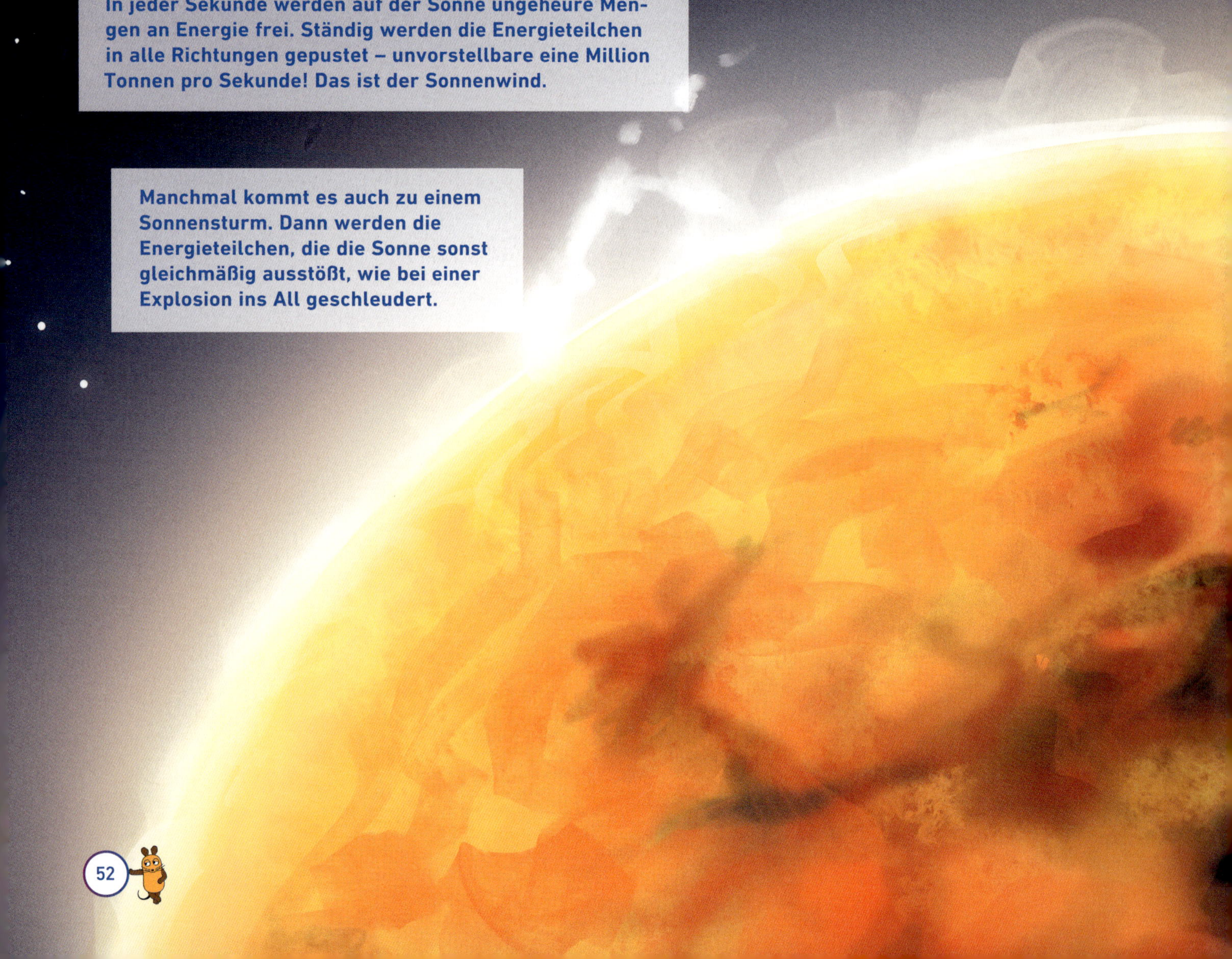

Sogar eine Weltraum-Wetter-Vorhersage gibt es! Sie ist wichtig für alles im All und auch für die Stromversorgung auf der Erde. Wenn starke Sonnenstürme in Richtung Erde „wehen“, kann das zum Beispiel die Elektronik von Satelliten stören. Und die Astronaut*innen der Internationalen Raumstation ISS können dann nicht außen an der Station arbeiten. Bei einem besonders starken Sturm, der ungefähr alle 100 bis 200 Jahre vorkommt, kann sogar die Stromversorgung auf der Erde ausfallen.

Die Informationen für eine Weltraum-Wetter-Vorhersage liefern Raumsonden, Erdsatelliten und Messanlagen auf der Erde.
Die meisten Daten kann jede*r im Internet nachlesen.

Mauslexikon

Albedo-Effekt: Eis nimmt – wie alle weißen Flächen – Sonnenstrahlung nicht auf, sondern wirft sie zurück wie ein Spiegel. Diese Rückstrahlung ist nach dem lateinischen Wort für „weiß" benannt: *albus*.

Äquator: Der Äquator ist eine gedachte Linie, die in der Mitte der Erde verläuft und von der Nord- und Südpol gleich weit entfernt sind. Um den Äquator herum liegen die -> Tropen.

Atmosphäre: Die Lufthülle, die die Erde umgibt. Sie ist etwa 600 Kilometer über dem Erdboden zu Ende, dort beginnt der Weltraum.

Auen: Große Naturgebiete um Flüsse herum: Kies- und Sandflächen, Wälder, Gras. Wenn die Flüsse in der Vergangenheit begradigt und diese Auen zugepflastert wurden, kann das Wasser bei starkem Regen nicht mehr dorthin „ausweichen", sondern überschwemmt Straßen und Städte.

CO_2: Abkürzung für „Kohlenstoffdioxyd". Dieses -> Treibhausgas wird frei, wenn Kohle, Erdöl oder Holz verbrannt wird – und auch wir Menschen atmen es aus. Bäume hingegen verbrauchen CO_2 und atmen dafür Sauerstoff aus. Das ist einer der Gründe, warum Wälder so wichtig für uns und das Klima der Erde sind.

Eiszeit: Ein Abschnitt der Erdgeschichte, in dem die Pole vereist sind. In den 4,5 Milliarden Jahren, die unsere Erde schon existiert, gab es fünf lange Eiszeiten. Darin kommen aber Abstufungen vor: Kaltzeiten, in denen fast die gesamte Erde von Eis bedeckt ist – und Warmzeiten, wie die, in der wir heute leben. Die „letzte Eiszeit", über die man spricht, wenn es zum Beispiel um die Mammuts geht, ist also streng genommen die letzte Kaltzeit in einer immer noch andauernden Eiszeit.

Erneuerbare Energien: Energie vor allem aus Sonne, Wind und Wasserkraft, die – anders als die -> fossilen Rohstoffe – nicht irgendwann aufgebraucht, sondern unbegrenzt vorhanden sind.

Fossile Rohstoffe: Auch Erdöl, Erdgas und Kohle gehören zu den -> Fossilien. Sie sind im Laufe von vielen Millionen Jahren aus abgestorbenen Pflanzen und Kleinstlebewesen entstanden.

Fossilien: Von lateinisch *fossilis* = „ausgegraben". Das sind zum Beispiel Versteinerungen von Pflanzen und Tieren, die vor vielen Tausend oder Millionen Jahren gelebt haben.

Gemäßigte Zone: Die Klimazone, in der wir leben. Sie liegt zwischen der -> subpolaren und der -> subtropischen Zone. Das Klima ist weder extrem heiß noch extrem kalt, und es gibt vier Jahreszeiten.

Hochdruckgebiet: Bei einem Hochdruckgebiet sinkt Kaltluft nach unten – weil kalte Luft schwerer ist als warme – und drückt die Luft unter sich zusammen. Dadurch steigt der Luftdruck: ein Hochdruckgebiet entsteht. Im Sommer bedeutet das meist warmes Wetter, im Winter oft sehr kaltes.

Isobaren: Von griechisch *iso* „gleich" und *baros* „Druck". Diese Linien auf einer Wetterkarte verbinden Orte dem gleichen Luftdruck. Liegen die Isobaren nah beieinander, dann grenzen Gebiete mit unterschiedlichem Druck eng aneinander, und es kann stürmisch werden.

Kernfusion: Die Atome – das sind die winzigen Teilchen, aus denen alles besteht – haben einen Kern. Um Atomkerne zu verschmelzen (zu „fusionieren"), braucht es extrem hohen Druck und Hitze, wie sie in der Sonne herrschen. Bei der Kernfusion werden ungeheure Mengen von Energie freigesetzt.

Klima: Das typische durchschnittliche Wetter einer bestimmten Gegend, über mindestens 30 Jahre betrachtet

Kontinentaldrift: Die Landmassen der Erde sind ständig in Bewegung. Dadurch haben sich im Laufe der Jahrmillionen auch die Kontinente immer wieder verschoben, sind auseinander gebrochen oder aufeinander zugetrieben.

Kontinentalklima: Das Klima im Inneren der Kontinente. Dort gibt es extreme Temperaturunterschiede. Denn dort fehlt der Ausgleich durch das Meer, das sich nur langsam abkühlt oder erwärmt. Land hingegen nimmt sehr schnell Hitze oder Kälte auf.

Meteorologie: Die Wissenschaft von den Vorgängen in der -> Atmosphäre, mit deren Hilfe Wettervorhersagen gemacht werden

Mikroben: Winzig kleine Lebewesen, die man meist mit bloßem Auge nicht sehen kann, zum Beispiel Bakterien

Monokultur: Dabei wird in einem großen Gebiet nur eine einzige Pflanzensorte angebaut, zum Beispiel Weizen oder auch Fichten. Einzelne Pilze oder Insektenarten können dann gleich die gesamte Ernte oder den gesamten Wald vernichten.

Ozonschicht: Eine Schicht der -> Atmosphäre, die vor allem aus dem Gas Ozon besteht. Sie schützt das Leben auf der Erde vor gefährlicher Sonnenstrahlung.

Permafrost: Boden, der ununterbrochen gefroren ist. Solche Gebiete findet man in der Arktis und der Antarktis und in der Nähe der Pole, zum Beispiel in Sibirien.

Plantage: Ein landwirtschaftliches Großunternehmen, das sich auf den Anbau eines Produktes spezialisiert hat, zum Beispiel Tabak, Fichten oder Kaffee. Solche -> Monokulturen sind aber besonders anfällig für Pilze, Insekten und Krankheitserreger.

Polare Zone: Klimazone um Nord- und Südpol herum. Weil die Sonnenstrahlen hier flach auf die Erde treffen, wärmen sie nur wenig. Im Winter kann es dort bis zu -50 °C kalt werden.

Satellit: Von lateinisch *satelles*, „Begleiter". Mehrere Hundert von Menschen gebaute Satelliten umkreisen die Erde heute ebenso wie der Mond, der ein natürlicher Satellit der Erde ist. Künstliche Satelliten beobachten zum Beispiel das Wetter, schicken TV-Sendungen und Telefonverbindungen um die Erde und machen es möglich, dass wir unseren Weg mit Navigations-Apps finden.

Savanne: Trockene Graslandschaft mit nur sehr wenigen Bäumen, zum Beispiel in Afrika

Subpolare Zone: Die Zone zwischen der -> polaren und der -> gemäßigten Zone. Dort ist es sehr kalt, im Durchschnitt unter 0 °C.

Subtropen: Die Zone zwischen der -> gemäßigten Zone und den -> Tropen. Im Durchschnitt liegen die Temperaturen dort, wie in den Tropen, über 20 °C. In dieser Zone gibt es trockene, aber auch sehr feuchte Gegenden.

Tiefdruckgebiet: Warme Luft, die leichter ist als kalte, steigt nach oben. Unter ihr bleibt dann Luft zurück, die weniger zusammengepresst ist: ein Tiefdruckgebiet. Das bringt meist Wolken, Regen, Schnee und auch starken Wind.

Tonne: Maßeinheit für Gewicht. Eine Tonne (abgekürzt: t) sind 1.000 Kilogramm.

Treibhauseffekt -> Treibhausgase

Treibhausgase: Dazu gehören vor allem -> CO_2 und Methan. Diese Gase bilden eine Schicht, durch die immer weniger Wärme von der Erde in den Weltraum gelangen kann. Dadurch heizt sich die Atmosphäre auf.

Tropen: Die Gebiete direkt am -> Äquator. Weil die Sonne dort fast immer senkrecht auf den Boden trifft, herrscht dort ein warmes Klima: Die Durchschnittstemperatur pro Monat liegt nie unter 20 °C.

FRAG doch mal …

Mit der Maus die Welt entdecken

Die Sachbuchreihe ab 8 Jahren
€ 14,99 (D)

CARLSEN
www.carlsen.de